# Warum haben wir keinen König?

## So funktioniert unsere Demokratie

von

Malte Arkona und Katrin Zipse

Mit Illustrationen von Detlef Surrey

HERDER

FREIBURG · BASEL · WIEN

# Inhalt

## Liebe Leseköniginnen und Lesekönige,

vielleicht denkt ihr jetzt: „Oje, ein langweiliges Vorwort, muss ich das lesen? Oder blättere ich einfach gleich weiter?" Ihr habt ganz Recht. Wieso eigentlich VOR den ganzen folgenden Wörtern noch ein Extratext?

Wisst ihr was? Ich bin begeistert. Denn wenn ihr euch sowas fragt, dann FRAGT ihr NACH. Und da sind wir auch schon am wichtigsten Punkt. Fragen sind das A und O ...also ich meine: Man kann ein Problem nur lösen, wenn man sich oder andere fragt, wo es herkommt. Wenn ihr also irgendetwas nicht versteht, fragt die Menschen in eurer Umgebung, bis deren Bauch aussieht wie ein Schweizer Käse. Es gibt keine dummen Fragen. Das ist höchstens eine Ausrede von Erwachsenen, wenn sie selbst die Antwort nicht wissen.

Viele Fragen habe ich bekannten Fernsehgesichtern gestellt, aber auch Einigen, die ihr neu kennenlernt. Warum haben wir in Deutschland eigentlich keinen König? Haben Tiere überhaupt einen? Wer sorgt bei uns für Ordnung? Wie kann man mit frischen Ideen das Leben von sich und anderen verbessern?

Ich bleibe dabei: REDEN ist SILBER. SCHWEIGEN ist GOLD. Aber FRAGEN ist PLATIN.

Viel Spaß beim Lesen, Stöbern, Entdecken, Verstehen ...und Fragen!

*Euer Malte*

# Warum haben wir in Deutschland keinen König?

Wie aus Deutschland die Bundesrepublik wurde und warum die Demokratie so wichtig ist

England hat eine Königin, die Queen. Sie ist ziemlich klein, lächelt freundlich und trägt pastellfarbene Kostüme mit passenden Hüten. Auch andere europäische Länder haben noch eine Königin oder einen König, die Niederlande, Schweden oder Spanien zum Beispiel. Bei uns gibt es viele Zeitschriften, die darüber berichten, wen diese Könige heiraten oder von wem sie sich scheiden lassen, wie es ihren Kindern geht und wie das Schloss aussieht, in dem sie wohnen. Warum haben wir also keinen König? Oder eine Königin? Anscheinend finden wir sie doch ganz spannend.

Das liegt an der Geschichte unseres Landes. Bis vor ungefähr hundert Jahren hatten wir in Deutschland auch einen Herrscher, keinen König, sondern einen Kaiser, aber das war in diesem Fall ungefähr das Gleiche. Unter Kaiser Wilhelm führte Deutschland, oder das „Deutsche Reich" wie es damals hieß, mit Frankreich, England, Russland und noch anderen Ländern den Ersten Weltkrieg.

Nach schrecklichen Schlachten, in denen insgesamt fast zehn Millionen Menschen getötet wurden, verlor das Deutsche Reich 1918 den Krieg. Danach setzten die Deutschen ihren Kaiser ab und zwangen ihn, das Land zu verlassen. Sie versuchten, ohne einen alles bestimmenden Machthaber auszukommen und als Volk zu regieren. Das war die Zeit der Weimarer Republik.

## Was ist eine Republik? Und was heißt Demokratie?

Die Staatsform unseres Landes nennt sich „Republik". Das Wort „Republik" kommt von den lateinischen Wörtern „res publica", die frei übersetzt „Sache des Volkes" heißen. In einer Republik sollen also die Bedürfnisse des ganzen Volkes berücksichtigt werden. Und durch die Regierungsform der Demokratie wird dies möglich gemacht, denn Demokratie kommt aus dem Griechischen und heißt „Herrschaft des Volkes".

## Was geschah in der Weimarer Republik?

Die Weimarer Republik stand von Anfang an vor großen Problemen, weil die Deutschen es nicht gewohnt waren, gemeinsame Entscheidungen zu fällen und nicht mehr einem Herrscher zu folgen, der das Sagen hatte.

Stell dir vor, du bist mit deiner Klasse im Klassenzimmer, und der Lehrer kommt einfach nicht. Was passiert? Die einen schreien, jemand müsste sofort ins Sekretariat gehen und Bescheid sagen, dass hier ein Lehrer fehlt. Die anderen halten dagegen: „Nein, bloß nicht, viel besser, wenn keiner kommt!" Wieder andere spielen Karten, und eigentlich ist ihnen alles egal, und ein paar packen die Hefte aus und wollen Wörter lernen und schreien, dass es zu laut ist. Wahrscheinlich könnt ihr euch dann überhaupt nicht einigen, wie ihr mit der Situation umgehen sollt, und werdet beim Diskutieren irgendwann so laut, dass der Lehrer aus der Nachbarklasse reinschaut und Ärger macht. Und das war's dann erst mal mit der Selbstbestimmung.

Aber was hat das mit Deutschland nach dem Ersten Weltkrieg zu tun? Viele Deutsche waren empört, weil sie den Krieg verloren hatten, und viele waren unglücklich, weil es ihnen jetzt wirtschaftlich sehr schlecht ging. Denn der Krieg hatte viel Geld gekostet, das nun fehlte. Außerdem sollte Deutschland Kriegsschulden an die Länder zahlen, die gesiegt hatten. Deutschland wurde die Alleinschuld am Krieg zugesprochen. Viele wollten nun unbedingt an dem System festhalten, das sie von früher her kannten, und den Kaiser wieder haben. Das erschien ihnen sicherer.

Viele glaubten auch nicht daran, dass es ihnen gelingen würde, einen Staat zu schaffen, in dem das Leben für alle gut und gerecht werden könnte. Und wieder andere fanden es überhaupt nicht wichtig, dass es allen gut gehen sollte, es ging ihnen nur darum, selber reich oder mächtig zu werden. Bei so vielen unterschiedlichen Interessen war es sehr schwer, zu politischen Entscheidungen zu kommen, mit denen alle einigermaßen zufrieden waren. Besonders schwierig wurde es, als 1929 die gesamte Weltwirtschaft in eine Krise geriet.

### Was war die Weltwirtschaftskrise?

Die Weltwirtschaftskrise begann 1929 in New York. Die Banken verliehen und verspielten zu leichtfertig Geld. Da alle Nationen wirtschaftlich miteinander verbunden waren, griff die Krise schnell auf Europa über. Verstärkt wurde sie, weil die Fabriken immer mehr Waren produzierten, ohne genügend Käufer dafür zu haben. Der Wert der Waren sank und damit auch der Wert der Fabriken. Dadurch geriet das gesamte wirtschaftliche System Amerikas ins Wanken. Viele Menschen wurden arbeitslos und konnten ihre Familien nicht mehr ernähren.

## Warum kam der Diktator Adolf Hitler an die Macht?

Durch die Weltwirtschaftskrise mussten auch in Deutschland unzählige Fabriken schließen. Millionen verloren ihre Arbeit. 1932 stand mehr als ein Drittel aller Arbeiter und Angestellten auf der Straße. Außerdem hatten die Banken das Geld, das die Menschen bei ihnen angespart hatten, durch heikle Geschäfte verloren, sodass die Arbeitslosen nicht einmal auf ihr Erspartes zurückgreifen konnten. Viele wussten einfach nicht mehr, wie sie ihre Familien ernähren sollten.

Wenn es dir so richtig schlecht geht, willst du, dass das sofort aufhört. Dann hast du keine Geduld, in Ruhe herauszufinden, woher deine Probleme eigentlich kommen, und willst dir keine Lösungen überlegen, die Zeit brauchen. Es soll schnell besser werden.

Gerade in einer Demokratie sind aber schnelle Lösungen manchmal unmöglich, weil sich die Umstände nicht immer gleich ändern lassen und weil viele Menschen mit den Entscheidungen, die getroffen werden, einverstanden sein müssen. Deshalb verlieren etliche Menschen, wenn es ihnen schlecht geht, ihr Vertrauen in das komplizierte demokratische Staatssystem. Sie wollen, dass ganz schnell irgendjemand auftaucht, der alle Probleme löst.

Das ist dann die Chance für jemanden, der Macht über andere haben möchte. Er behauptet, jedes Problem sofort in den Griff zu kriegen. Alle sind beruhigt, dass sich endlich einer kümmert, und machen ihn zum Chef. Als es den Deutschen zu schwierig wurde, gemeinsam zu regieren, suchten sie sich dafür Adolf Hitler. Er gehört zu den größten Verbrechern der Menschheitsgeschichte.

### Was haben die Nationalsozialisten getan?

Hitler behauptete, die Juden, die in Deutschland lebten, seien schuld an dem verlorenen Krieg und der schlechten wirtschaftlichen Situation. Das war eine glatte Lüge. Aber viele wollten das gerne glauben. Denn ein Unglück, an dem jemand anderes Schuld hat, ist leichter zu ertragen.

Nach und nach nahm Hitler den Juden alle Grundrechte. Jüdische Kinder durften keine Schulen mehr besuchen und keine Schwimmbäder, es wurde ihnen verboten, ein Fahrrad oder ein Haustier zu besitzen, und ihre Eltern durften nicht mehr in dem Beruf arbeiten, den sie sich ausgesucht hatten. Sie mussten aus ihren Wohnungen ausziehen und wurden in viel schlechteren Quartieren untergebracht. Das war der Anfang der Unterdrückung der Juden. Das Ende war die Ermordung von sechs Millionen jüdischen Menschen.

1939 fing Hitler den Zweiten Weltkrieg an und überzog ganz Europa mit Krieg. Er befahl, alle Juden zu töten, und behauptete, sie seien Feinde. Insgesamt starben während des Zweiten Weltkriegs fünfzig Millionen Menschen. Viele Soldaten waren darunter, aber auch sehr viele Frauen und Kinder, die getötet wurden, als ihre Städte bombardiert wurden. Die Nationalsozialisten ermordeten über zehn Millionen Menschen, weil sie Juden, Sinti oder Roma waren, weil sie behindert waren oder eine andere politische Meinung vertraten. Oder weil sie aktiv gegen Hitler kämpften.

## Wie konnte Hitler zum Alleinherrscher werden?

Gleich, nachdem das Volk Adolf Hitler an die Macht gelassen hatte, setzte er viele Gesetze außer Kraft, die bisher gegolten hatten, und damit war die Weimarer Republik aufgelöst. Hitler schwang sich zum Diktator auf, zum alleinigen Bestimmer. Dabei half ihm seine Partei, die NSDAP, die Nationalsozialistische Deutsche Arbeiterpartei. Die Mitglieder seiner Partei, die Nationalsozialisten, kontrollierten die gesamte Bevölkerung, sie belauschten ihre Gespräche und beobachteten alles und jeden. Wer eine andere Meinung vertrat als die Nationalsozialisten wurde verhaftet, in ein Konzentrationslager gebracht oder gleich getötet.

## Wie wurde aus Deutschland die Bundesrepublik?

Als die Deutschen nach sechs Jahren den Krieg verloren hatten, waren zwei Dinge wichtig: Von Deutschland durfte nie mehr ein Krieg ausgehen, und es durfte nie wieder einen Alleinherrscher geben.

Die Länder, die den Krieg gewonnen hatten – Frankreich, England, die USA und die Sowjetunion, zu der zum Beispiel Russland gehörte – teilten Deutschland auf, um es besser kontrollieren zu können. England, Frankreich und Amerika gründeten aus ihren Besatzungszonen die Bundesrepublik Deutschland. Die Sowjetunion erklärte ihren Teil von Deutschland zur Deutschen Demokratischen Republik, der DDR. Um zu verhindern, dass die Deutschen aus der DDR in die Bundesrepublik zogen, weil es den Menschen dort nach dem Krieg schneller wieder besser ging, ließ die Regierung der DDR eine befestigte Grenze ziehen, die von Norden nach Süden durch Deutschland verlief.

Die Bundesrepublik Deutschland entwickelte mit der Hilfe von Frankreich, England und den USA eine Regierungsform, in der jeder so viele Rechte und Freiheiten haben kann wie möglich, ohne dass es der Gemeinschaft schadet. Aber die DDR übernahm praktisch das Regierungssystem der Sowjetunion, und das war wieder eine Diktatur, in der die Menschen unterdrückt wurden und jeder bestraft wurde, der die Machthaber kritisierte. Erst 1989 lehnte sich das Volk in der DDR gegen seine Regierung auf und beseitigte die Grenze. Und seitdem gibt es wieder ein gemeinsames Land, das sich Bundesrepublik Deutschland nennt.

## Wie gerecht ist unser politisches System?

Das demokratische System, das wir in der Bundesrepublik Deutschland haben, ist die gerechteste Regierungsform, die wir kennen. Es garantiert den Bürgern, dass ihre Meinungen und Wünsche gehört und ernst genommen werden. Es schützt die Menschenrechte. Aber es stellt auch hohe Anforderungen an jeden Einzelnen.

### Was sind die Menschenrechte?

Die Grundlage der Menschenrechte ist die Überzeugung, dass jeder Mensch auf der ganzen Welt dieselben Rechte hat. Deshalb heißt es gleich zu Anfang der allgemeinen Erklärung der Menschenrechte, die fast alle Staaten unterzeichnet haben:
Artikel 1: Alle Menschen sind frei und gleich an Würde und Rechten geboren. Sie sind mit Vernunft und Gewissen begabt und sollen einander im Geiste der Brüderlichkeit begegnen.
Was sind also Menschenrechte? Menschenrechte sind Rechte, die jedem Menschen von Geburt an zustehen, ganz egal, ob er groß, klein, alt oder jung ist. Dazu gehören das Recht auf Leben, das Recht auf Freiheit und Eigentum, das Recht, seine Meinung zu äußern, das Recht auf Religionsfreiheit und noch vieles mehr. Ganz wichtig: Die Menschenrechte dürfen keinem weggenommen werden.

## Warum ist es manchmal schwierig, in einer Demokratie zu leben?

In einem demokratisch regierten Land muss man es aushalten, dass es keinen „starken Mann" gibt. Alle tragen die Verantwortung dafür, dass es gut läuft. Es ist wichtig, dass jeder mitmacht, indem er sich an den Wahlen beteiligt, wenn die Landes- oder Bundesparlamente gewählt werden. Außerdem ist es nötig, dass viele bereit sind, politisch richtig mitzuarbeiten – in den Parteien, in den Parlamenten oder in Bürgerinitiativen. Jeder, der hier lebt, muss sich an die Regeln halten, die für alle gelten, auch wenn sie ihm vielleicht manchmal lästig sind. Und man muss damit zurechtkommen, dass die eigene Meinung zwar gehört wird, aber nicht immer berücksichtigt werden kann.

Und übrigens, damit ich das noch klarstelle, auch die Engländer und die Niederländer mit ihrer Königin und die Spanier und die Schweden mit ihrem König leben mittlerweile in einer Demokratie. Die Könige herrschen dort nicht mehr über das Volk, sondern sie haben nur noch repräsentative Aufgaben, das heißt, sie machen Staatsbesuche oder geben Empfänge. Die Geschicke des Landes bestimmt auch dort eine demokratische, vom Volk gewählte Regierung. Die Vorfahren der Könige, die es heute noch gibt, waren einfach klüger als die anderen Herrscher und hatten rechzeitig erkannt, wann es besser war, ihre Macht abzugeben und die Untertanen bestimmen zu lassen. Deshalb wurden sie nicht aus dem Land gejagt und konnten sogar in die demokratische Regierungsform einbezogen werden.

# 1. Wer ist in unserem Land der Bestimmer?

Warum wir ein Parlament wählen und wie wir wählen dürfen.

Vielleicht ist dir an der deutschen Geschichte schon deutlich geworden, dass es nicht so einfach ist, eine Regierungsform zu schaffen, die jedem gerecht wird, in der sich jeder gut aufgehoben fühlt und die nicht so einfach zerstört werden kann, wenn die Umstände schwierig werden.

Wenn man den Begriff Demokratie als „Herrschaft des Volkes" ernst nimmt, bedeutet das, dass das ganze Volk bestimmt, was im Land passiert. Das ganze Volk besteht im Fall der Deutschen aber aus ungefähr 82 Millionen Menschen. Wie soll man die Meinung jedes Einzelnen herausfinden? Und wenn man sie herausgefunden hat, wie soll man jede Meinung berücksichtigen? Und was macht man, wenn die Meinungen sich total widersprechen?

### Kann man gemeinsam bestimmen?

Was machst du, wenn du dich mit deiner Schwester darüber einigen musst, ob es Pfannkuchen oder Pommes frites zum Mittagessen geben soll, und du magst nur Pfannkuchen und sie nur Pommes? Du könntest dich prügeln, und der Stärkere dürfte dann bestimmen, was gekocht wird. Aber das wäre ungerecht. Du könntest so lange auf deine Schwester einreden, bis sie nachgibt. Wenn sie aber genauso dickköpfig ist wie du, würdet ihr gar nichts zu essen bekommen.

Oder ihr könntet einen Kompromiss schließen, der besagt, dass heute der eine das Essen bestimmen darf und morgen der andere. Der Vorteil: Ihr kommt dabei tatsächlich zum Essen, und keiner muss richtig nachgeben. Der Nachteil: Manchmal braucht es viel Zeit, bis ein Kompromiss gefunden ist, und ihr beide seid eigentlich nicht hundertprozentig zufrieden. Dennoch ist es die gerechteste Form der Entscheidungsfindung.

Aber wie gelingt es nun am besten, dass sehr viele unterschiedliche Menschen ohne Alleinherrscher in Freiheit zusammenleben können und sich in der Gemeinschaft mit den anderen wohlfühlen und gerecht behandelt werden?

## Wie regiert ein ganzes Volk?

Diese Frage stellte man sich schon vor über 2500 Jahren in den griechischen Städten. Die Menschen dort hatten es satt, sich von Herrschern herumkommandieren zu lassen, die nur deshalb regierten, weil vor ihnen schon ihre Väter regiert hatten oder weil sie mit Gewalt an die Macht gekommen waren. Die Einwohner des größten griechischen Stadtstaats, die Athener, setzten ihren König ab und ernannten Beamte, die immer nur für ein Jahr regieren durften und die von Volksvertretern gewählt wurden. Weil die Regierungsbeamten nur kurz regierten, fingen sie erst gar nicht an, sich wichtiger zu nehmen als die anderen.

Um die Meinung möglichst vieler zu berücksichtigen, wurden die Volksvertreter, die die Regierung wählten, wiederum vom Volk gewählt. Das klingt sehr gerecht, aber tatsächlich durfte nicht das ganze Volk wählen, sondern nur die „freien Bürger". Frauen, Sklaven und Ausländer konnten überhaupt nicht mitbestimmen. Bis Frauen wählen durften, vergingen noch einmal ein paar tausend Jahre.

Vielleicht überlegst du jetzt, was eigentlich mit euch Kindern ist. Ihr dürft in Deutschland nicht wählen und auch sonst nirgends in Europa. Es wird einfach davon ausgegangen, dass die Eltern eure Interessen mitberücksichtigen, wenn sie zur Wahl gehen.

## Seit wann dürfen Frauen wählen?

Finnland führte 1906 als erster europäischer Staat das allgemeine Wahlrecht für Frauen ein. In Deutschland können die Frauen seit der Weimarer Republik, also seit 1919, wählen. Frankreich führte erst nach dem Zweiten Weltkrieg das Frauenwahlrecht ein. Und in der Schweiz dürfen die Frauen erst seit 1990 im gesamten Land wählen!

## Wie wählten die Griechen?

In den griechischen Stadtstaaten war es möglich, die Volksvertreter direkt zu wählen, weil sich alle Wahlberechtigten auf einem Platz versammeln konnten. Wer für einen bestimmten Abgeordneten stimmen wollte, hob einfach seine Hand. Der Wahlleiter konnte dann zählen, wie viele Hände sich für welchen Abgeordneten hoben. Stell dir das mal für Deutschland vor mit mehr als sechzig Millionen Wahlberechtigten!

## Also, wer bestimmt jetzt eigentlich in Deutschland?

Ganz einfach: alle Wahlberechtigten, also alle Erwachsenen, die einen deutschen Pass haben. Sie wählen aus ihren Reihen Vertreter, die für sie im Parlament sitzen und mitregieren.

## Warum sind Wahlen wichtig?

Die Wahlen sind für das Volk die einfachste Möglichkeit, das politische Geschehen im Land mitzubestimmen, denn wer wählt, entscheidet, wer regieren darf. Sie sind das einzige bisher bekannte Verfahren, das garantiert, dass die Interessen von möglichst Vielen berücksichtigt werden. Deshalb bildet das allgemeine, gleiche, direkte, freie und geheime Wahlrecht die Grundlage für jeden demokratischen Staat.

Niemand darf einem anderen vorschreiben, welche Regierungsvertreter er wählen soll. Die Stimme jedes Bürgers zählt bei den Wahlen gleich viel – egal, ob der eine mehr Geld hat oder älter ist oder schon viel in der Politik mitgearbeitet hat. Damit wirklich jeder unabhängig und frei so wählen kann, wie er will, ist die Wahl der Regierung geheim. Denn niemanden geht es etwas an, wen der andere wählt. Aber jeder kann seine politische Meinung öffentlich kundtun, wenn er das will, vorausgesetzt, er verletzt dabei nicht die Grundrechte anderer Menschen, indem er sie zum Beispiel beleidigt.

### Was ist eine direkte Demokratie?

Wenn ihr in der Klasse darüber abstimmt, wohin euer Schulausflug gehen soll, übt ihr die direkte Demokratie aus. Jeder kann durch Handzeichen ausdrücken, ob er lieber ins Museum will oder auf die Bobbahn. Das Ausflugsziel, das die meisten Stimmen bekommen hat, ist ausgewählt. Für Entscheidungen, die nicht durch eine einfache Ja-Nein-Abstimmung getroffen werden können oder für die so viele Menschen befragt werden müssen, dass sie sich gar nicht alle gemeinsam versammeln können, ist die direkte Demokratie nicht geeignet. Dann funktioniert die parlamentarische Demokratie besser, bei der gewählte Volksvertreter für ihre Wähler entscheiden.

### Was ist eine parlamentarische Demokratie?

In einer parlamentarischen Demokratie stimmen nicht ständig alle über alles ab. Bei uns in Deutschland gibt es zum Beispiel viel zu viele Menschen, die immer wieder ihre Stimme abgeben müssten, um Entscheidungen zu treffen. Und das wäre zu kompliziert und zu aufwendig. Deswegen wählt ein Volk ein Parlament. Das heißt, die Wahlberechtigten wählen ihre Vertreter, die für sie abstimmen und sprechen. Das geschieht im Parlament. Das Wort „Parlament" stammt übrigens aus dem Französischen und bedeutet „Unterredung".

### Was wählen wir bei der Bundestagswahl?

Bei der Bundestagswahl wählen wir die Menschen, die im deutschen Bundestag in Berlin sitzen und dort unsere Interessen vertreten. Den deutschen Bundestag nennt man auch Parlament. Das Parlament ist die politische Vertretung des Volkes. Für die Wahl hat jeder Wahlberechtigte zwei Stimmen.

### Wer bekommt die erste Stimme?

Die Bundesrepublik ist in 299 Wahlkreise unterteilt. Jeder Ort gehört zu einem ganz bestimmten Wahlkreis. Für jeden Wahlkreis stellen die Parteien einen eigenen Vertreter auf, der gewählt werden kann. Die Wahlberechtigten geben dem Kandidaten aus ihrem Wahlkreis, zu dem sie das meiste Vertrauen haben, ihre erste Stimme. Der Kandidat, der am häufigsten gewählt wird, bekommt einen Platz im Bundestag und vertritt dort seinen Wahlkreis.

### An wen geht die zweite Stimme?

Die zweite Stimme gibt der Wähler der Partei, die er am besten findet. Damit entscheidet er darüber, wie viele Abgeordnete jede Partei außerdem noch in den Bundestag schicken kann. Je mehr Stimmen eine Partei hat, desto mehr Abgeordnete darf sie stellen. Parteien, die weniger als fünf Prozent der Wählerstimmen bekommen haben, dürfen allerdings überhaupt keine Vertreter schicken.

### Ist das gerecht?

Die Partei, die die meisten Abgeordneten im Bundestag hat, kann ziemlich viel bestimmen, weil viele Entscheidungen so zustande kommen, dass das verwirklicht wird, was die Mehrheit will. Trotzdem werden auch die Interessen der Wähler berücksichtigt, die andere Parteien gewählt haben. Dafür sitzen die Vertreter der anderen Parteien im Bundestag.

Wenn sich deren Abgeordnete zusammentun, haben sie gemeinsam oft mehr Stimmen als die Partei, die für sich allein genommen die meisten Abgeordneten hat.

## Was ist ein Wahlkampf?

Natürlich möchte jede Partei möglichst viele Wähler haben, um die meisten Sitze im Bundestag zu bekommen und den Kanzler bestimmen zu können, der der Regierung vorsteht. Dazu muss sie Werbung für sich machen. Der Begriff „Wählerwerbung" würde deshalb eigentlich besser zutreffen als „Wahlkampf". Tatsächlich ist es auch so, dass der Wahlkampf der einzelnen Parteien von Werbeagenturen geplant wird. In der Regel beginnen die Parteien damit ein Jahr vor der eigentlichen Wahl.

# Jetzt weiß ich, wie man wählt.

*Ich bin nämlich mit meinen Eltern zur Wahl gegangen. Heute wurde der deutsche Bundestag gewählt, in dem die Abgeordneten sitzen. Bin ich froh, dass der Wahlkampf jetzt vorbei ist. Ich kann die ganzen Wahlplakate echt nicht mehr sehen. Die Werbespots im Fernsehen sind mir zum Schluss auch auf die Nerven gegangen, weil jede Partei immer nur behauptet hat, dass sie die beste ist.*

*Mama und Papa wussten auch ohne Werbung, wen sie wählen. Ich glaube, die wählen sowieso immer dieselbe Partei, seit sie erwachsen sind. Bei denen ist das totale Papierverschwendung, wenn die Parteien ihnen Handzettel mit ihrem Wahlprogramm geben.*

*Sogar in meiner Klasse haben sie in der letzten Zeit ständig über die Wahlen geredet. Aber eigentlich hat jeder nur das gesagt, was er zuhause mitgekriegt hat. Zumindest glaube ich das. Denn richtig viel Ahnung von Politik hat bei uns eigentlich noch keiner.*

*Ich hatte mir die Wahl ja spannender vorgestellt. Von wegen geheim und so. Aber das Spannendste war eigentlich, dass sie bei uns oben in der Realschule stattgefunden hat, da konnte ich mir mal das Gebäude ansehen. Die haben einen Kaffeeautomaten und eine Eingangshalle mit riesigen Palmen. Das fand ich gut.*

*In einem der Klassenzimmer war das Wahllokal. Dort standen zwei Schultische, und an denen saßen die drei Wahlhelfer. Einer hatte eine Liste mit den Namen von allen Leuten, die zu unserem Wahlbezirk gehören. Bei ihm musste man seine Wahlbenachrichtigung abgeben und den Personalausweis vorzeigen, und er strich den Namen dann auf seiner Liste ab. Damit man nicht zweimal hintereinander wählen konnte. Das wäre ja nicht gerecht gewesen.*

*Die Frau neben ihm gab Mama und Papa einen Umschlag und einen Zettel. Auf dem Zettel standen die Namen der Wahlkreiskandidaten und die Parteien, die man wählen konnte. Mit dem Zettel musste man dann hinter eine Stellwand, damit keiner gucken konnte, was man ankreuzt. Ich durfte mit Mama mit. Hinter der Stellwand waren noch ein kleiner*

*Tisch und ein Stuhl. Vielleicht müssen manche ja ewig überlegen, wo sie ihr Kreuz auf dem Zettel hinmachen. Die können sich dann setzen. Aber bei Mama dauerte das keine drei Sekunden. Dann hatte sie ein Kreuz bei einem Kandidaten gemacht, bei welchem darf ich nicht sagen, sagt Mama, weil das niemanden was angeht. Und ein Kreuz bei einer Partei, das darf ich natürlich auch nicht sagen.*

*Und dann hat sie ihren Zettel in den Umschlag gesteckt und den in einem Karton mit Schlitz versenkt, der bei dem dritten Wahlhelfer stand. Damit der auch eine Aufgabe hatte. Das Ganze ging so schnell, dass wir danach tatsächlich noch Wandern gegangen sind. Und ich hatte so gehofft, ich würde durch die Wahl drum herum kommen. Aber meine Eltern sind gnadenlos.*

*Erst dachte ich ja, Wahlhelfer ist ein echt cooler Job, weil man nur alle paar Jahre mal arbeiten muss. Aber Papa meinte, die machen das ehrenamtlich, also ohne Geld, und normalerweise haben sie andere Berufe. Manche melden sich freiwillig als Helfer, aber andere werden dazu verpflichtet. Und man braucht richtig gute Gründe, wenn man sich davor drücken will. Ich finde das ganz schön hart, aber Mama fand das in Ordnung so, weil man als Staatsbürger eben nicht nur Rechte haben kann, sondern auch Pflichten übernehmen muss.*

Holger, 11 Jahre

**Welche Wahlslogans gab es bei der Bundestagswahl 1994?**

- „Gemeinsam sind wir stark" (SPD)
- „Auf in die Zukunft, aber nicht auf roten Socken" (CDU)
- „Zukunft wagen" (FDP)
- „Solidarität statt Ellenbogen" (Grüne)

**Malte fragt nach …
bei der logo!-Moderatorin
Jule Gölsdorf**

**● Wie erklärst du Kindern, was Politik ist?**

Die Politik bestimmt unser tägliches Leben. In unserer Sendung schauen wir tagtäglich, was auf der Welt passiert, und erklären dann anhand eines aktuellen Beispiels Politik. Wobei wir darauf achten, was Kinder besonders interessiert. Zum Beispiel die Mehrwertsteuererhöhung. Die klingt erst mal langweilig, betrifft aber auch Kinder: Etwa wenn sie eine CD kaufen, denn die wird bei einer Mehrwertsteuererhöhung teurer.

Ein anderes Beispiel wäre Wassermangel: Für uns ist es ganz normal, einfach den Wasserhahn aufzudrehen. Kinder aus anderen Ländern kennen vielleicht gar keinen Wasserhahn. So gibt es eine Verbindung zwischen dem Thema und den Kindern zuhause. Und so können wir Kinder prima für Politik interessieren. Denn sie wissen: Das Thema betrifft auch mich.

**● Wärst du gerne Politikerin?**

Nein, das war noch nie mein Traumjob. Obwohl ich Politik wichtig finde und mich auch häufig damit beschäftige. Politik ist oft wahnsinnig spannend. Ich verfolge gerne große Politikereignisse wie zum Beispiel die letzte US-Wahl. Was mir gar nicht gefällt, sind die Schlammschlachten rund um die Wahl, die Art, wie versucht wird, negative Sachen über den Gegenkandidaten herauszufinden. Ich finde, das ist viel zu weit weg von dem, was Menschen wirklich wichtig ist: von den Inhalten der Politik. Das ist auch ein Grund, warum ich nicht Politikerin werden will: Oft hat man viel zu wenig Zeit, sich um das zu kümmern, was man wichtig findet und gerne durchsetzen will. Stattdessen muss man Wahlkampf führen. Das ist schade. Aber wer weiß, man soll ja nie nie sagen. Vielleicht werfe ich irgendwann den Moderationsjob hin und werde doch noch Politikerin.

**➔ Wann warst du das erst Mal wählen?**
**➔ Wusstest du da genau, was du wählen solltest?**
**➔ Wie können Erwachsene das überhaupt herausfinden?**

Ich war sofort wählen, als ich es das erste Mal durfte, denn ich finde es wichtig, wählen zu gehen. Allerdings ist es für junge Leute ein Problem, zu wissen, was sie wählen sollen. Ich wusste damals auch noch nicht hundertprozentig, wem ich meine Stimme geben sollte. Ich habe zwar schon als Kind *logo!* gesehen und immer viel gelesen, aber eine Wahlentscheidung zu treffen, ist nicht so einfach.
Ich habe viel mit meinen Eltern geredet und mir die Dinge erklären lassen. Es ist wichtig, sich über Wahlen und die dazugehörigen Themen zu informieren. Wir berichten bei *logo!* viel über Politik und deren Inhalte, damit die Kinder schon Bescheid wissen, bevor sie wählen dürfen. Denn dann sind sie im Wahlalter in der Lage, sich ein Bild über die Themen und die Parteien zu machen.
Ansonsten sollte jeder die Politik einfach aufmerksam verfolgen, Nachrichten schauen, Zeitung lesen und viel mit anderen diskutieren, dann fällt es sicher leichter zu entscheiden, welche Partei man wählen soll.

**➔ Was ist dein Wunsch an die deutsche Politik?**

Ich würde mir wünschen, dass die Politiker es schaffen, wieder mehr junge Leute für Politik zu interessieren. Dafür ist es wichtig, dass sie sich auch für die Bedürfnisse von Kindern und Jugendlichen einsetzen. Und es wäre schön, wenn sich Politiker mehr auf Inhalte konzentrieren würden und nicht nur auf das Ziel, die nächsten Wahlen zu gewinnen.

## 2. Wozu brauchen wir überhaupt Parteien?

Warum es so viele Parteien gibt, die sich immer streiten, und warum die einen rot, die andern grün, die andern gelb und die andern schwarz sind

In einer Demokratie wählt das Volk diejenigen, die es regieren. Aber wie findet man heraus, welche Kandidaten zur Wahl stehen, also wer überhaupt gewählt werden will? Und wie erreichen die, die gewählt werden wollen, diejenigen, die sie wählen sollen? Wie können sie sich bekannt machen? Und wie können sie sich in die vielen verschiedenen Themen einarbeiten, die für die Menschen wichtig sind, die sie vertreten möchten?

Ein Kandidat kann das allein überhaupt nicht schaffen. Deshalb gibt es die Parteien, die die einzelnen Kandidaten unterstützen.

In den Parteien schließen sich Bürger zusammen, die sich um gesellschaftliche und politische Themen kümmern wollen. Sie haben eine ähnliche Sicht auf die Welt und wählen aus ihren Reihen die Kandidaten, die bereit sind, die Partei als Abgeordnete im Bundestag oder in einem der Landtage der einzelnen Bundesländer zu vertreten.

## Gibt es Parteien nur in der Hauptstadt?

In den Parteien kann sich jeder politisch engagieren. Er muss dazu auch nicht in der Nähe der Hauptstadt wohnen, wo das Parlament tagt. Manchmal gewinnt man den Eindruck, Politik wird eigentlich im Fernsehen gemacht, und sie beschäftigt sich nur mit den ganz großen Themen wie Krieg und Arbeitslosigkeit und Gesundheitsreformen.

Aber das stimmt nicht. Politik fängt ganz in der Nähe an – in dem Ort, in dem du wohnst. In jeder Stadt gibt es ein Büro von jeder größeren Partei. Die Parteimitglieder beschäftigen sich mit den Problemen in ihrer Umgebung, egal, ob es um neue Fahrradwege geht oder um Geld für Umweltschutzmaßnahmen oder die neue Sporthalle.

### Können Parteien auch verboten werden?

Wenn eine Partei unsere Grundordnung und damit die Demokratie zerstören will, kann sie vom obersten Gericht, dem Bundesverfassungsgericht, verboten werden.

## Sind die Parteien für alle da?

In einem demokratisch regierten Staat ist es besonders wichtig, dass alle Bürger der Überzeugung sind, politisch ernst genommen zu werden. Denn das demokratische System ist ein empfindliches Gebilde. Sobald zu viele sich mit dem Staat nicht verbunden fühlen, zerfällt die Demokratie in unterschiedliche Interessengruppen, die nicht mehr gut zusammenarbeiten. Dann können keine gemeinsamen Entscheidungen mehr gefällt werden, und extreme Vereinigungen, die am liebsten wieder eine diktatorische Regierungsform hätten, haben ein leichtes Spiel.

Die Parteien sollen deshalb möglichst alle Bürger ansprechen und sie mit den politischen Hintergründen vertraut machen. Sie sollen erklären, warum die Politiker bestimmte Entscheidungen treffen, warum neue Gesetze notwendig sind oder wie die Regierung arbeitet. Außerdem sollen sie in der Regierung und im Parlament die Meinung der Bürger vertreten und verhindern, dass die Politiker vergessen, für wen sie eigentlich Politik machen.

## Was bedeutet links und rechts?

Als sich die Franzosen im 18. Jahrhundert gegen ihren König auflehnten und eine Nationalversammlung durchsetzten, saßen die Bürger, die alles ändern und die Monarchie ganz abschaffen wollten, links und diejenigen, die ihren König unbedingt behalten wollten, rechts im Saal. Seitdem bezeichnet man die, die sich für die weniger Mächtigen einsetzen und die für Reformen sind, als links, und die, die lieber alles so lassen möchten, wie es ist, als rechts.

## Was wollen die Parteien?

*Über die Ausrichtung der Parteien kannst du dich in deren Grundsatz-programmen informieren. Hier Auszüge aus den Programmen der Parteien im Deutschen Bundestag:*

- CDU (Christlich Demokratische Union): Wir bekennen uns zu unseren Grundwerten Freiheit, Solidarität, Gerechtigkeit sowie zum christlichen Menschenbild. Wir wollen eine Gesellschaft, in der sich alle auf den Boden der Leitkultur in Deutschland stellen.

- SPD (Sozialdemokratische Partei Deutschlands): Wir bestehen auf dem Primat demokratischer Politik und widersprechen der Unterwerfung des Politischen unter das Ökonomische. Politik muss dafür sorgen, dass nicht zur bloßen Ware wird, was nicht zur Ware werden darf: Recht, Sicherheit, Bildung, Gesundheit, Kultur, natürliche Umwelt.

- FDP (Freie Demokratische Partei): Liberalismus will Menschlichkeit durch Vielfalt. Freiheit ist Vielfalt. Vielfalt in der Marktwirtschaft heißt Wettbewerb. Vielfalt in der Gesellschaft heißt Toleranz.

- Die Grünen: Wir verbinden Ökologie, Selbstbestimmung, erweiterte Gerechtigkeit und lebendige Demokratie. Mit gleicher Intensität treten wir ein für Gewaltfreiheit und Menschenrechte.

- Die Linke: Der Kampf gegen den Abbau sozialer Rechte, für eine gerechte Verteilung der Arbeit in einer humanisierten Arbeitswelt und für einen erneuerten solidarischen Sozialstaat ist der im Gründungsprogramm formulierte Ausgangspunkt der Wahlalternative Arbeit und soziale Gerechtigkeit.

**Wie viele Parteien bestimmen bei uns mit?**

In Deutschland sind in der Regel zwischen vier und sechs Parteien im Bundestag vertreten. Alle anderen Parteien haben bei den Wahlen weniger als fünf Prozent der Wählerstimmen bekommen und dürfen deshalb keine Abgeordneten stellen.

Zur Zeit sitzen die Abgeordneten der CDU/CSU, der SPD, der FDP, der Grünen und der Linken im Bundestag. Die CDU mit ihrer bayerischen Schwesternpartei CSU und die SPD sind seit der Gründung der Bundesrepublik in jedem Bundestag vertreten und haben immer die meisten Abgeordneten. Sie versuchen, die Interessen möglichst vieler Bürger zu berücksichtigen, und werden deshalb auch Volksparteien genannt. Die FDP und die Grünen sind kleinere Parteien, die aber zum Teil mit den großen Parteien zusammenarbeiten und manchmal gemeinsam mit der CDU/CSU oder der SPD die Regierung bilden. Die Linke ist noch eine sehr junge Partei.

**Haben alle Parteien die gleichen Ziele?**

Alle Parteien im Deutschen Bundestag arbeiten an ihren politischen Zielen im Rahmen der Gesetze, die es in Deutschland gibt. Obwohl sie von möglichst vielen Menschen gewählt werden möchten, sprechen die verschiedenen Parteien unterschiedliche Bevölkerungsgruppen ganz besonders an.

Es gibt Parteien, die sich vor allem um die Interessen der Arbeiter kümmern, und Parteien, die sich vor allem für die Anliegen derjenigen stark machen, die zum Beispiel Fabriken besitzen und damit Arbeitspätze schaffen. Andere Parteien haben ein großes Thema, das für sie zentral ist, wie den Schutz der Umwelt. In ihren Parteiprogrammen oder Grundsatzprogrammen legen die Parteien ihre Ziele fest.

**Wie sind die Parteien organisiert?**

Im Grundgesetz ist festgelegt, dass die innere Ordnung der Partei demokratischen Grundsätzen entsprechen muss. Das bedeutet, dass keiner gezwungen werden darf, einer Partei beizutreten, sondern dass die Mitgliedschaft freiwillig ist. Und dass auch innerhalb der Partei die verschiedenen Aufgaben und Posten durch Wahlen besetzt werden müssen.

In der Regel unterteilen sich die Parteien in Orts- und Kreisverbände und in Landes- und Bundesverbände. Die Parteimitglieder, die in einem Ort wohnen, bilden zusammen den Ortsverband, das ist der Verband ganz in der Nähe. Sie wählen aus ihren Reihen Delegierte aus, die sie im Kreisverband vertreten, der in der Regel in einer größeren Stadt tagt. Dort kommen auch die Delegierten der Nachbarorte dazu.

Aus dem Kreisverband werden dann wieder Vertreter für den Landesverband ausgewählt. Die Landesverbände sitzen in der Hauptstadt ihres jeweiligen Bundeslandes und vertreten alle Parteimitglieder eines Bundeslandes. Sie schicken Vertreter in den Bundesverband nach Berlin, der dann alle Parteimitglieder des ganzen Landes vertritt. Auf den Parteitagen, auf denen sich alle Mitglieder oder ausgewählte Repräsentanten versammeln, werden die Parteivorstände gewählt.

In sogenannten Nominierungsversammlungen wählen die Parteimitglieder die aus ihrer Sicht besten Kandidaten aus, die später dann bei den Wahlen zum Bundestag, zu den Landtagen, aber auch zu den Gemeinderäten antreten.

### Wer gibt den Parteien Geld für ihre Arbeit?

Die Parteien bekommen Steuergelder, also Geld vom Staat. Je mehr Wähler eine Partei hat, desto mehr Geld bekommt sie aus der staatlichen Kasse. Außerdem finanzieren sich die Parteien über Mitgliedsbeiträge und Spenden.

Viele Parteimitglieder arbeiten ehrenamtlich, das heißt, sie bekommen kein Geld für ihre Parteiarbeit. Aber neben den ehrenamtlich Aktiven gibt es auch hauptamtlich Beschäftigte, die bei der Partei angestellt sind. Sie übernehmen die Aufgaben, die neben einem anderen Beruf her gar nicht mehr zu leisten wären, weil sie so zeitaufwendig sind, wie zum Beispiel die Abgeordnetentätigkeit im Bundestag. Außerdem wird der Wahlkampf, der sehr teuer ist, von den Parteien mitfinanziert.

### Warum gibt es so viele Parteien?

Das Wort „Partei" kommt von dem lateinischen Wort „pars", das bedeutet „Teil". Eine Partei ist also eigentlich ein Teil von einem Ganzen. Und das heißt, dass es auf jeden Fall noch einen weiteren Teil geben muss, sonst wäre es logischerweise bereits ein Ganzes.

Eine Demokratie kann mit nur einer Partei überhaupt nicht funktionieren, denn eine Partei allein könnte niemals die Interessen aller Bürger vertreten. Dazu sind Menschen zu unterschiedlich. Es ist wichtig, dass die Parteien bei bestimmten Themen unterschiedliche Meinungen haben, damit wirklich darüber diskutiert werden kann.

Trotzdem gibt es Länder, die sich als Volksdemokratie bezeichnen, in denen nur eine Partei erlaubt ist, die so genannte Einheitspartei. Das sind dann aber nach unserem Verständnis keine echten Demokratien. Mindestens zwei Parteien sind notwendig, damit es überhaupt die Möglichkeit einer Wahl gibt.

## Was bedeutet rot, grün oder schwarz?

Wenn man von den CDU-Mitgliedern spricht, sagt man manchmal auch „die Schwarzen", die SPD-Anhänger werden „die Roten" genannt, und bei den Grünen ist die Farbe schon im Namen enthalten. Die Parteien sind allerdings auf ganz unterschiedliche Art zu ihren Farben gekommen. Das Rot der SPD geht auf die feuerroten Mützen der Jakobiner in der Französischen Revolution zurück, die den König stürzten. Seitdem steht Rot für revolutionäres Gedankengut und für den Kampf der Armen gegen die Reichen.

Die CDU hat ihre schwarze Farbe von den Talaren der Pfarrer, die schwarz sind. Sie betont damit ihre Verbundenheit mit den christlichen Werten.

Hinter den Farben Blau und Gelb der FDP steht dagegen keine politische Aussage, sondern diese Farben waren einfach ein Vorschlag von Werbefachleuten, weil sie gut wirken.

Die Grünen haben natürlich die Farbe Grün. Sie steht für die Natur, für das Wachstum und damit für die umweltbewusste Haltung der Partei.

Die Linke wird oft mit der Farbe dunkelrot in Verbindung gebracht, weil sie von ihrer politischen Aussage her als besonders kämpferisch eingestuft wird.

## Warum streiten die Parteien eigentlich miteinander?

Jede Partei hat das Ziel, politische Macht zu erlangen und die Entscheidungen, die getroffen werden müssen, zu beeinflussen. Im Bundestag versuchen die Abgeordneten deshalb, auch die Vertreter der anderen Parteien von ihrer Meinung zu überzeugen, und kritisieren die Ansichten der anderen. Genauso in der Öffentlichkeit: Jede Partei versucht vor der Bevölkerung besser dazustehen als die anderen Parteien.

Den Umgang der politischen Parteien miteinander kannst du dir ähnlich vorstellen wie ein Fußballspiel zwischen zwei Vereinen. Wie die Mannschaften treten auch die Parteien gegeneinander an. Nur hauen sie eben nicht gegen einen Ball, sondern bearbeiten ein bestimmtes Thema. Aber natürlich müssen sich die Parteien, wenn sie miteinander streiten, an feste Regeln halten – so wie die Fußballspieler auch. Da geht es ja auch nicht, dass einer dem anderen plötzlich in die Beine grätscht.

Die Spielregeln sind eigentlich einfach. Die Parteien müssen akzeptieren, dass es nach jeder Wahl einen Gewinner gibt, der je nach Wahlausgang allein oder mit einer anderen Partei zusammen die Regierung bilden darf. Und dass sich das bei der nächsten Wahl schon wieder ändern kann. Natürlich dürfen sich die Parteimitglieder auch nicht anbrüllen, persönlich beleidigen oder womöglich handgreiflich werden. Aber das ist ja sowieso klar.

### Sind die Parteien sehr häufig unterschiedlicher Meinung?

Etliche Probleme in der alltäglichen Politik sind so vielfältig, dass sehr unterschiedliche Umstände berücksichtigt werden müssen, bevor eine Entscheidung gefällt werden kann. Oft gewichten die einzelnen Parteien die Vor- und Nachteile anders, die ein Projekt, das verwirklicht werden soll, mit sich bringt. Dann streiten sie darüber. Und diese Auseinandersetzung ist wichtig, weil sie garantiert, dass keine vorschnellen Entscheidungen getroffen werden, sondern dass alle möglichen Folgen berücksichtigt werden.

### Wie kann ich mich über Parteien informieren?

Um wirklich Bescheid zu wissen, welche Partei welche Interessen vertritt, musst du dich über das Parteiprogramm, aber auch über unabhängige Medien informieren. Das bedeutet, du musst regelmäßig Zeitung lesen und beobachten, wie die Parteien sich bei den alltäglichen Regierungsgeschäften verhalten. In einer Demokratie ist es deshalb unbedingt nötig, dass die Medien, also Rundfunk, Fernsehen und Presse, frei und unabhängig sind, das heißt, dass die Berichte, die abgedruckt oder gesendet werden, nicht von der Regierung kontrolliert werden.

Kritik an einzelnen Parteien oder an Entscheidungen der Regierung, das Aufdecken von Missständen und das hartnäckige Nachfragen, wenn die Informationen der Politiker unzureichend sind, sind wichtige Aufgaben der Journalisten in einer Demokratie.

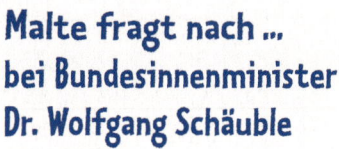

## Malte fragt nach ...
## bei Bundesinnenminister
## Dr. Wolfgang Schäuble

**⊖ Warum sind Sie gerne Politiker?**

Ich habe Freude daran, nach der besten Lösung für ein Problem zu suchen. Denn darum geht es meiner Meinung nach in der Politik: das Zusammenleben von Menschen in einer freien und gerechten Gesellschaft verantwortungsvoll zu organisieren. Außerdem liegt es mir, Argumente auszutauschen und im Parlament für meine Meinung zu streiten.

Politik hat ja viele Gesichter. Als Abgeordneter vertrete ich die Interessen der Menschen aus meinem Wahlkreis im Bundestag in Berlin; als Minister sorge ich dafür, dass die Menschen in unserem Land sicher leben können.

Tagtäglich setze ich mich mit den unterschiedlichsten Ansichten und Wünschen auseinander, ich treffe auf viele interessante Gesprächspartner, oder ich vertrete beispielsweise als für den Sport zuständiger Innenminister Deutschland bei den Olympischen Spielen. Politiker zu sein, ist für mich ein spannender Beruf, der mich sehr fordert, der mir aber auch viel gibt.

**⊖ Warum gibt es verschiedene Parteien und nicht einfach nur eine, die ausnahmslos für alle sorgt?**

Wir leben in einer Demokratie. Und dies bedeutet, dass Bürgerinnen und Bürger in Deutschland an der politischen Meinungs- und Willensbildung teilhaben. Durch die allgemeine, gleiche Wahl werden Volksvertreter – eben die Politiker – legitimiert, das heißt, mit einem Mandat im Bundestag oder in den Länder- und Städteparlamenten versehen.

Wir leben in einer offenen und pluralistischen Gesellschaft. Das heißt: Genauso wie es verschiedene Meinungen über den besten Fußballclub gibt, gibt es verschiedene Meinungen darüber, wie unser Land am besten zu regieren ist. Dabei entscheidet immer die Mehrheit über den einzuschlagenden Weg.

Nach einer Bundestagswahl beispielsweise bildet in der Regel die Partei, die von den Wählerinnen und Wählern die meisten Stimmen erhalten hat, die Regierung. Um ihre politischen Vorstellungen dann im Bundestag umzusetzen, braucht sie dort eine Mehrheit. Um diese Mehrheit herzustellen, müssen Parteien häufig so genannte Koalitionen, Bündnisse mit anderen Parteien, eingehen.

Die Konkurrenz der verschiedenen Parteien beispielsweise im Wahlkampf, ihr Wettbewerb um beste Lösungen, ist genauso wie das Wahlrecht der Bürgerinnen und Bürger die Voraussetzung für eine Demokratie. Ein-Parteien-Systeme hat es auch in der deutschen Geschichte gegeben. Die Folgen sind immer Willkür, Unfreiheit und Ungerechtigkeit. Zwangläufig führen solche antidemokratischen Systeme dazu, dass Teile der Gesellschaft ihrer Rechte – beispielsweise der freien Meinungsäußerung – beraubt werden und Repressalien, also Vergeltungsmaßnahmen wie beispielsweise Gefängnis, ausgesetzt sind.

**❷ Treffen Sie unsere Bundeskanzlerin Angela Merkel oder unseren Bundespräsidenten Horst Köhler ausschließlich beruflich oder auch einmal zum Eis essen?**

Also zum Eis essen treffen wir uns nicht. Aber beispielsweise treffen sich die Mitglieder des Kabinetts mit der Kanzlerin vor Weihnachten zu einer Weihnachtsfeier, wie das unter guten Kolleginnen und Kollegen so üblich ist. Den Bundespräsidenten sehe ich zum Beispiel dann, wenn unsere Olympioniken geehrt werden, oder bei der Verleihung der Ministerurkunden.

## ❷ Wie schafft man es, dass Menschen aus den unterschiedlichsten Ländern friedlich in Deutschland zusammen leben können?

Dieses Zusammenleben so zu organisieren, dass es friedlich bleibt, ist eine der wichtigsten Aufgaben der Politik. Menschen aus anderen Ländern und Deutsche brauchen eine gemeinsame Schnittmenge: die deutsche Sprache. Ausländische Bürgerinnen und Bürger müssen sich in unserem Land zurechtfinden, in den Kindergarten und zur Schule gehen, einen Beruf ausüben oder an die Universität gehen können.

Genauso wichtig für den Frieden in einer Gesellschaft sind gemeinsame Werte. Unsere freiheitliche Verfassung ist eine gute Grundlage hierfür. Sie ist die Ordnung der Freiheit. Um die darin enthaltenen Regeln beneiden uns viele Völker in der Welt. Sie gibt dem Einzelnen so viel Freiheit, dass es der Gemeinschaft nicht schadet.

Nehmen wir zum Beispiel die Meinungsfreiheit: In Deutschland kann jeder seine Meinung sagen. Eine Meinung mit Gewalt durchzusetzen, ist aber verboten. Ein anderes Beispiel ist die in unserer Verfassung garantierte Gleichheit von Frauen und Männern. Wenn Menschen aus einem anderen Kulturkreis, in dem die Stellung der Frauen und Mädchen vielleicht nicht gleichberechtigt ist, bei uns leben, müssen sie sich an unsere Ordnung anpassen, nicht umgekehrt.

Für den Alltag bedeutet all dies, dass Deutsche und Menschen aus anderen Ländern, die bei uns leben, aufeinander zugehen, voneinander lernen und den Anderen in seiner Andersartigkeit akzeptieren sollten.

## ❷ Glauben Sie daran, dass es eines Tages keinen Krieg mehr gibt, bei dem Kinder sterben müssen?

Wo Kinder Kriegen zum Opfer fallen, hat die Politik versagt. Damit es eines Tages keinen Krieg mehr gibt, müssen alle Menschen lernen, Konflikte zu lösen, ohne Gewalt anzuwenden. Für die Politik und die Politiker bedeutet dies, dass sie sich für eine partnerschaftliche Zusammenarbeit einsetzen – über alle Grenzen hinweg und zwischen allen Völkern, Rassen, Religionen und Weltanschauungen.

Wir hier in Europa sind schon auf einem guten Weg: Die Europäische Union zählt inzwischen 27 Staaten, deren Menschen in Frieden und Freiheit miteinander leben. Ich bin ganz zuversichtlich, dass es eines Tages soviel Verantwortung für ein friedliches Zusammenleben geben wird, dass die europäische Einheit ein Vorbild für die ganze Welt sein kann.

### ❍ Was ist Ihr Wunsch an die deutsche Politik?

Da ich selbst ein Politiker bin, muss ich immer abwägen, ob meine Vorstellungen und Wünsche auch realistisch sind. Ich bin der Meinung, dass sich die Politik mehr für die junge Generation einsetzen und genau nachdenken muss, welche Auswirkungen politische Entscheidungen in zehn oder zwanzig Jahren haben. Zum Beispiel müssen wir heute dafür sorgen, dass es genügend gut ausgebildete junge Menschen geben wird. Heute die Weichen so zu stellen, dass wir für morgen das Richtige tun, ist ein Wunsch von mir. Dazu gehört auch, dass wir unsere Umwelt nicht zerstören und unseren Kindern Lasten aufbürden, die ungezügeltes und unüberlegtes Wohlstandsdenken erzeugt hat. Und da es immer besser ist, wenn viele Menschen über unsere Gesellschaft und unser Zusammenleben nachdenken, wünsche ich mir, dass die Politik und die politische Parteien jungen Menschen spannende und attraktive Angebote zum Mitmachen bieten.

# 3. Wer regiert uns dann eigentlich?

Was im Bundestag passiert und was der Bundeskanzler alles darf, warum es einen Bundespräsidenten gibt und wie ein Gesetz entsteht

Durch die Wahlen bestimmt die Bevölkerung die Zusammensetzung des Parlaments. Doch wer führt die Entscheidungen des Parlaments aus? Wer regiert tatsächlich? Denn auch wenn vor einer Entscheidung lange diskutiert und zum Schluss abgestimmt wird, muss doch einer bekannt geben, was der Bundestag beschlossen hat, und dafür sorgen, dass auch das passiert, was das Parlament will. Und weil die Alleinherrschaft eines Einzelnen das Ende jeder Demokratie bedeutet, ist bei uns im Grundgesetz verankert, dass nie einer allein bestimmen darf.

Deshalb beruht das politische System der Bundesrepublik Deutschland auf drei Säulen, die Staatsgewalten genannt werden. Nur wenn das Gewicht des Staates auf alle drei Säulen gerecht verteilt ist, funktioniert er richtig. Wenn eine Säule wegbrechen würde, käme der ganze Staat ins Wanken.

Die einzelnen Staatsgewalten sind streng voneinander getrennt. Das heißt: Derjenige, der regiert, darf keine Gesetze festlegen. Derjenige, der Recht spricht, darf nicht regieren. Derjenige, der die Gesetze festlegt, darf nicht Recht sprechen. So kann keiner Gesetze durchsetzen, die vielleicht nur ihm gefallen. Und keiner kann regieren, ohne sich an geltendes Recht zu halten.

Jede Säule steht für sich allein und hat doch nur eine Funktion, wenn sie mit den anderen zusammen das Gewicht des Staates trägt.

Das Volk bestimmt, der Bundestag entscheidet, die Bundesregierung regiert, und die Richter sprechen Recht. In diesem System kommt dem Bundestag eine ganz besondere Bedeutung zu. Denn er ist die einzige vom Volk direkt gewählte Versammlung, die politisch über die Geschicke Deutschlands mitbestimmt. Deshalb ist er das zentrale Instrument unserer Demokratie.

## Wie entscheidet der Bundestag?

Im Bundestag sitzen mindestens 598 Abgeordnete der Parteien, die von der Bevölkerung für vier Jahre gewählt worden sind. Je mehr Stimmen eine Partei bei der Wahl erhalten hat, desto mehr Abgeordnete kann sie in den Bundestag schicken.

In unserer Demokratie werden viele Entscheidungen gefällt, indem im Parlament abgestimmt wird. Was die Mehrheit der Abgeordneten will, wird gemacht. Deshalb kann die Partei mit den meisten

Abgeordneten auch am leichtesten ihre politischen Ziele im Bundestag durchsetzen.

Trotzdem ist es auch da wieder nicht so, dass die stärkste Partei einfach machen kann, was ihr gefällt. Denn wenn die Abgeordneten der anderen Parteien sich zusammenschließen, kann es leicht passieren, dass sie bei einer Abstimmung die Abgeordneten überstimmen, die zur stärksten Partei gehören. Also muss auch die stärkste Partei im Bundestag Kompromisse machen und versuchen, die Abgeordneten der anderen Parteien auf ihre Seite zu ziehen.

### Sind im Bundestag alle gleich?

Alle Bundestagsabgeordnete haben die gleichen Rechte und Pflichten. Aus ihren Reihen wählen sie einen Präsidenten, der die Leitung der Sitzungen übernimmt und den Bundestag nach außen vertritt. Wenn sich einzelne Abgeordnete zu sehr streiten, greift der Präsident ein.

### Was bedeutet „Verhandlungsdemokratie"?

Die Bundesrepublik Deutschland ist eine Verhandlungsdemokratie. Das bedeutet, dass Entscheidungen nur unter Berücksichtigung vieler Interessen getroffen werden können. Damit überhaupt Entscheidungen zustande kommen, muss die Regierung Kompromisse machen. Dafür werden einmal gefundene Lösungen dann aber auch von der Mehrheit der Bevölkerung akzeptiert.

### Wie läuft das jetzt genau im Bundestag?

Wie können etwa 600 Abgeordnete, die oft ganz unterschiedliche Positionen vertreten, eigentlich miteinander arbeiten? Denk mal an deine Klasse. Ihr seid vielleicht dreißig Schüler, und dann stell dir das Chaos vor, wenn ihr zu einer gemeinsamen Entscheidung kommen sollt.

Im Bundestag sitzen zwanzigmal so viele Menschen, die oft schon von Anfang an mit verschiedenen Meinungen angetreten sind, und die sollen jetzt zum Beispiel neue Gesetze auf den Weg bringen. Wie kann das funktionieren?

Das funktioniert nur, wenn alles wirklich gut organisiert ist. Die Bundestagsabgeordneten arbeiten nicht zusammen an einzelnen Gesetzen. Wenn alle zusammen sind, reden sie eigentlich nur. Sie tauschen ihre unterschiedlichen Meinungen aus, sie streiten miteinander, sie diskutieren über politische Fragen. Und sie führen die Abstimmungen durch, die nötig sind, um zu einem Beschluss zu kommen.

## Welche festgelegten Aufgaben hat der Bundestag?

Der Bundestag wählt den Bundeskanzler und kann ihn im Extremfall auch wieder abwählen.
Er ist zuständig bei der Wahl anderer Verfassungsorgane (zum Beispiel bei der Wahl der obersten Richter).
Er ist zuständig für die Gesetzgebung.
Er kontrolliert und kritisiert die Regierung und die Verwaltung.
Er repräsentiert die Bevölkerung und achtet auf ihre Meinung.
Außerdem macht er wichtige politische Fragen öffentlich. Die Oppositionsparteien (die Parteien, die nicht die Regierungspartei bilden) übernehmen hierbei eine wichtige Rolle.

## Wozu gibt es Ausschüsse?

Die eigentliche Arbeit des Bundestages findet in den Ausschüssen statt. Ausschüsse kannst du dir wie Arbeitsgruppen vorstellen. Jede Partei sendet eine bestimmte Zahl von Abgeordneten in einen Ausschuss, in dem konkret über ein bestimmtes Problem beraten wird. Die Partei mit den meisten Abgeordneten darf auch die meisten Vertreter in einen Ausschuss schicken.

Normalerweise sitzen in den Ausschüssen immer die Abgeordneten, die sich mit dem Thema, das verhandelt wird, besonders gut auskennen. Wenn es zum Beispiel darum geht, ob die Familien mehr Kindergeld bekommen sollen, wird jede Partei die Abgeordneten schicken, die sich schon länger mit Familienpolitik beschäftigen. Der Ausschuss erarbeitet dann eine Vorlage, die er mit in das Plenum nimmt, und es dort dem gesamten Parlament zur Abstimmung vorlegt.

## Was ist eine Fraktion?

Die Abgeordneten einer Partei schließen sich im Bundestag zu einer Fraktion zusammen. Sie sitzen auch bei den Versammlungen nebeneinander oder hintereinander. Jede Fraktion bereitet wichtige Entscheidungen, die im Bundestag gefällt werden müssen, in Arbeitsgruppen vor, damit alle Fraktionsmitglieder gegenüber den Fraktionen der anderen Parteien geschlossen auftreten können.

## Was macht der Bundeskanzler?

Der Bundeskanzler ist der Chef der Regierung. Das heißt, er bestimmt die Richtlinien der Politik und trägt auch die Verantwortung dafür. Er wird vom Bundespräsidenten vorgeschlagen und vom Bundestag gewählt, und zwar immer dann, wenn auch der Bundestag gerade neu gewählt worden ist, also in der Regel alle vier Jahre.

Nachdem der Kanzler von den Abgeordneten des Parlaments gewählt worden ist, schlägt er dem Bundespräsidenten die Minister vor, mit denen er gemeinsam regieren möchte. Und der Bundespräsident ernennt sie dann. Der Kanzler bestimmt auch, wie viele Ministerien es überhaupt geben soll und welches Ministerium für was genau zuständig ist. Wenn er mit einem Minister nicht zufrieden ist, kann er ihn auch wieder entlassen.

## Kann der Bundeskanzler also tun und lassen, was er will?

Das kann er nicht, denn das passt nicht zu unserer demokratischen Grundordnung. Oft geht die Bundestagswahl so aus, dass keine Partei mehr Stimmen hat als alle anderen Parteien zusammen. Dann muss sich die Partei mit den meisten Stimmen einen Koalitionspartner suchen.

Das bedeutet, sie muss sich mit einer anderen Partei zusammenschließen, um den Bundeskanzler zu wählen und regieren zu können. Dann darf auch der Koalitionspartner bei der Wahl der Minister mitreden. Außerdem ist der Bundeskanzler bei allen Entscheidungen darauf angewiesen, dass die Mehrheit des Bundestags ihn unterstützt.

Und dann gibt es ja auch noch das Kabinett, in dem der Bundeskanzler mit seinen Ministern seine Entscheidungen abstimmt.

Regieren in einer Demokratie heißt nämlich nicht befehlen, sondern verhandeln, koordinieren und überzeugen. Und davon abgesehen, kann der Bundeskanzler vom Bundestag auch abgesetzt werden.

## Die Minister oder: Was ist eigentlich ein Kabinett?

Im Kabinett sitzen alle Minister und der Bundeskanzler. Jeder Minister hat sein eigenes Ministerium und ist da auch der Chef, aber es gibt viele Probleme, bei denen alle Minister gemeinsam mit dem Kanzler beraten müssen, weil sie nicht nur ein Ministerium betreffen. Wenn es zum Beispiel um Energiepolitik geht, haben nicht nur der Wirtschaftsminister und der Finanzminister viel dazu zu sagen, sondern auch der Umweltminister und der Verkehrsminister.

## Welche Ministerien gibt es eigentlich?

Zur Zeit gibt es das Auswärtige Amt, das Bundesministerium des Innern, das Bundesministerium der Justiz, das Bundesministerium der Finanzen, das Bundesministerium für Wirtschaft und Technologie, das Bundesministerium für Arbeit und Soziales, das Bundesministerium für Ernährung, Landwirtschaft und Verbraucherschutz, das Bundesministerium der Verteidigung, das Bundesministerium für Familie, Senioren, Frauen und Jugend, das Bundesministerium für Gesundheit, das Bundesministerium für Verkehr, Bau und Stadtentwicklung, das Bundesministerium für Umwelt, Naturschutz und Reaktorsicherheit, das Bundesministerium für Bildung und Forschung, das Bundesministerium für wirtschaftliche Zusammenarbeit und Entwicklung. Insgesamt sind das 14 Ministerien. In einer neuen Regierung können neue Ministerien dazu kommen oder Ministerien zusammengelegt werden.

## Weiß ein Minister alles über sein Fachgebiet?

Manchmal ist ein Minister zum Beispiel erst für die Wirtschaft zuständig und danach vielleicht für die Finanzen. So viel Wissen kann er sich gar nicht aneignen, dass er dann immer ganz schnell über alles Bescheid weiß.

Dafür hat er viele Mitarbeiter. Sie sind die eigentlichen Experten und beraten den Minister in allen Fragen. Die Mitarbeiter, die in der Öffentlichkeit eher im Hintergrund bleiben, haben eine wichtige Funktion, denn sie stellen die Informationen zusammen, mit denen der Minister arbeitet. Oft schreiben sie auch die Reden, die der Minister hält.

### Wie regiert die Bundesregierung?

Der Bundeskanzler und seine Minister bilden die Bundesregierung. Zusammen haben sie drei große Aufgaben: Sie überlegen, welche politischen Ziele sie verwirklichen möchten, und fassen sie in Gesetzesvorschläge, die sie dem Bundestag vorstellen.

Wenn die Bundesregierung zum Beispiel will, dass die Familien deutlicher unterstützt werden, formuliert sie ein Gesetz, dass das Kindergeld erhöht werden soll. Entscheiden kann sie aber nicht über das Gesetz, denn das ist Aufgabe des Bundestags, also des Parlaments.

Eine weitere wichtige Aufgabe betrifft die Außenpolitik, also die Kontakte mit anderen Ländern. Die Bundesregierung führt die außenpolitischen Verhandlungen und schließt mit anderen Ländern Verträge ab, die zum Beispiel die wirtschaftliche Zusammenarbeit zwischen den Staaten betreffen. Auch diesen Vereinbarungen muss der Bundestag zustimmen.

### Wer entscheidet, wenn die Minister streiten?

Alle wichtigen Entscheidungen der Bundesregierung werden in Kabinettssitzungen beschlossen. Wenn sich die Minister nicht einigen können, wird durch einen Mehrheitsbeschluss entschieden. Das heißt, alle stimmen ab, und das, was die meisten wollen, wird dann umgesetzt. Es kann aber auch vorkommen, dass der Kanzler von seiner Richtlinienkompetenz Gebrauch macht und eine Entscheidung trifft, mit der die meisten Minister nicht einverstanden sind.

### Können die Minister den Kanzler absetzen?

Die Minister können den Kanzler nicht absetzen, wenn sie Streit mit ihm haben. Der Kanzler kann nur abgesetzt werden, wenn die Mehrheit der Abgeordneten nicht mehr mit ihm zufrieden ist. Das passiert über ein konstruktives Misstrauensvotum. Dazu schlägt eine Partei einen anderen Kanzler vor, und der Bundestag stimmt dann darüber ab, ob er lieber den anderen Kanzler hätte. Natürlich kommt das nicht oft vor, weil der Kanzler ja von der stärksten Partei gestellt wird und die normalerweise auch zu ihm hält.

## Darf der Bundespräsident auch etwas bestimmen?

Der Bundespräsident bestimmt bei uns nicht über die aktuelle Politik, aber er übernimmt wichtige repräsentative Aufgaben im In- und Ausland. Er begrüßt ausländische Staatsgäste, die zu Besuch kommen, er unterzeichnet die Verträge mit anderen Ländern, die die Bundesregierung vorher ausgehandelt hat, und er reist zu Staatsbesuchen ins Ausland. Außerdem ernennt der Bundespräsident den Bundeskanzler und die Minister, auch wenn er sie nicht bestimmt, und er unterzeichnet die Gesetze, die der Bundestag verabschiedet hat. Er äußert sich im Inland zu wichtigen grundsätzlichen Fragen des politischen Denkens.

Wie viel Einfluss der Bundespräsident hat, hängt immer auch von ihm selbst ab – davon, wie hoch sein Ansehen und wie groß seine Überzeugungskraft sind. Dann kann er auch durch öffentliche Ansprachen Einfluss auf die politische Entwicklung nehmen, indem er zum Beispiel auf mögliche Fehler der Regierung hinweist, Ideen für positive Veränderungen liefert oder Kompromisse anmahnt.

## Wie wird man Bundespräsident?

Der Bundespräsident wird von der Bundesversammlung gewählt. Zur Bundesversammlung gehören alle Bundestagsabgeordneten und dann noch genau so viele, also noch mal etwa 600 Abgeordnete aus den Landtagen der einzelnen Bundesländer. Meistens haben die beiden größten Parteien einen Kandidaten ausgesucht, den sie zur Wahl stellen. Dieser Kandidat muss mindestens 40 Jahre alt sein.

Anders als beim Kanzler und den Ministern dauert die Amtszeit des Bundespräsidenten fünf Jahre. So lange er im Amt ist, darf er keiner Partei angehören und keinen anderen Beruf ausüben, damit ganz klar ist, dass er die ganze Bevölkerung vertritt und niemanden bevorzugt.

**Malte fragt nach ...**
**bei dem Berliner Zoodirektor**
**Dr. Bernhard Blaszkiewitz:**

**⮂ In unserem Land werden wir nicht von einem König, sondern nach den demokratischen Grundsätzen regiert. Wer regiert eigentlich im Tierreich?**

Einen allgemeinen Herrscher über alle Tiere gibt es so nicht. Solche menschlichen und politischen Fragen stellen sich bei Tieren auch gar nicht. Aber natürlich gibt es Rangunterschiede. Und der mit dem höheren Rang bestimmt. Bei den Elefanten sind die Weibchen als erfahrene Mütter die Gruppenführerinnen und haben das Sagen. Die Bullen leben oft allein.

**⮂ Gibt es da so etwas wie Demokratie?**

Eine Abstimmung oder gar Wahl gibt es nicht. Der Stärkere gewinnt. Auch psychische Überlegenheit entscheidet, nicht nur körperliche. Singvögel singen nicht, weil wir das so schön finden, sondern weil sie anderen Vögeln dadurch mitteilen: „Hier bin ich der Chef!" Der Korallenfisch hat seine plakative Färbung, damit zeigt er: „Hier hast du anderer Korallenfisch nix zu suchen." Bei uns im Tierpark leben zwei männliche und drei weibliche Seekühe zusammen. Da gibt es sogar keine Revierkämpfe, die Männchen dulden sich gegenseitig und paaren sich beide mit dem Weibchen.

**⮂ Wie wird denn dann ein Tier-Chef bestimmt?**

Bei Wölfen, die gerne im Rudel leben, gibt es Rangkämpfe. Der unterlegene Wolf zeigt Demutsgesten, legt sich auf den Rücken und bietet dem stärkeren seine Kehle. Das Alpha-Männchen, also der „Chef", beißt aber nicht zu, dafür sorgt die Beißhemmung. Das hat die Natur so eingerichtet, damit sich innerhalb eines Rudels nicht alle gegenseitig umbringen. Bei niederen Affen kommt es zu Beißereien, aber Gorillas drohen nur und lassen ihre Muskeln spielen. Bei uns im Zoo passiert das so: Erst blickt der Gorilla rüber, dann schaut er weg, dann guckt er nochmal. Danach steht er auf, macht einen Buckel, kommt angerannt, trommelt sich gegen die Brust und gegen die Scheibe. Wenn er keinen Erfolg hat, gibt er auf, denn sich im Kampf zu verletzen, würde ihm und seinen Nachkommen noch mehr schaden.

### ⮑ Wer ist der König über alle Tiere?

Also der Löwe eher nicht, denn der gehört zu den bequemeren Tieren. Er döst in der Sonne, spielt mit seinen Jungen und lässt die Weibchen die ganze „Arbeit" machen.

### ⮑ Haben wir Menschen die Verantwortung für das Tierreich?

Natürlich haben wir das. Bereits in der Bibel steht im Buch Genesis, wir dürfen die Natur genießen und ihre Früchte ernten, aber wir müssen sie auch pflegen. Stattdessen machen wir Menschen viel kaputt. Deswegen ist das Thema Naturschutz immer noch sehr wichtig.

### ⮑ Nehmen wir unsere Verantwortung ernst genug?

Nein, leider nicht. Auch Politiker sollten sie ernster nehmen und nicht nur über Ökologie reden, sondern auch wirklich handeln.
Bei uns in Berlin wurde ja der berühmte kleine Eisbär Knut geboren und sollte plötzlich auf die ganze Katastrophe unseres Klimas aufmerksam machen. Dabei hätte man schon vor 25 Jahren mit dem Klimaschutz anfangen müssen. Aber ich muss auch sagen, in Deutschland sind wir in dem Thema immerhin weiter, als in anderen Ländern. Ich bin zwar katholisch, aber zitiere gerne Luther: „Wenn morgen die Welt unterginge, würde ich heute einen Apfelbaum pflanzen." Es ist nie zu spät.

### Wer regiert in Deutschland noch?

Eigentlich sollte man meinen, wir hätten jetzt schon alle aufgezählt, die in Deutschland mitbestimmen. Aber das ist falsch. Die Bundesregierung, die in der Hauptstadt Berlin sitzt, kann nicht über alles in Deutschland bestimmen, denn Deutschland ist eine föderalistische Republik. Das bedeutet, dass das Land in kleinere Einheiten aufgeteilt ist, die Bundesländer heißen.

Jedes Bundesland hat eine eigene Landesregierung, die in seiner Landeshauptstadt sitzt. Sie ist ungefähr so aufgebaut wie die Regierung in Berlin. Bestimmte Entscheidungen treffen die Landesregierungen ganz alleine, ohne dass die Bundesregierung mitbestimmt. Bereiche, die von den Bundesländern selbstständig verwaltet werden, sind zum Beispiel die Organisation der Schulen oder die Förderung der Theater und anderer kultureller Einrichtungen.

### Wofür ist der Bundesrat zuständig?

Damit die einzelnen Länder ihre Interessen bei der Bundesregierung in Berlin vertreten können, gibt es den Bundesrat. Ihm gehören Vertreter aller 16 Landesregierungen an. Wie die Bundesregierung sitzt auch der Bundesrat in Berlin. Die Bundesländer mit vielen Einwohnern können mehr Vertreter in den Bundesrat schicken als die kleineren Bundesländer.

Eine besondere Bedeutung hat der Bundesrat, wenn es um Gesetze geht. Es gibt viele Gesetze, die nur in Kraft treten, wenn der Bundesrat ihnen zustimmt. Denn wenn die Bundesregierung ein Gesetz beschließt, dann gilt es für jedes einzelne Bundesland, und die Regierungen der einzelnen Bundesländer müssen dafür sorgen, dass das Gesetz wirklich umgesetzt wird. Also ist es nur gerecht, wenn die Bundesländer bei der Gesetzgebung auch mitreden dürfen.

## Wie entsteht eigentlich ein Gesetz?

Die Bundesregierung, der Bundestag und der Bundesrat sind damit beschäftigt, Gesetze zu formulieren, über Gesetze zu beraten und schließlich über Gesetze abzustimmen. Denn es sind die Gesetze, die das Zusammenleben in unserem Land regeln. Aber wie kommt so ein Gesetz zustande?

Sowohl der Bundestag als auch das Kabinett und der Bundesrat können Ideen für ein neues Gesetz einbringen. Meistens geht die Idee für ein neues Gesetz vom Bundestag aus. Dieser hat eine Vorlage für ein mögliches Gesetz entworfen und in mehreren „Lesungen" darüber beraten.

Wenn die Bundesregierung zum Beispiel findet, dass Jugendliche, die Graffiti an Hauswände sprayen, härter bestraft werden sollen, formuliert sie dazu einen Gesetzesentwurf. Darin steht, was ihrer Meinung nach das Problem ist und wie die Lösung aussehen könnte.

## Warum sind immer wieder neue Gesetze nötig? Reichen die alten nicht aus?

Unsere Gesellschaft verändert sich laufend, deshalb sind immer wieder neue Gesetze notwendig. Manchmal ändern sich die gesellschaftlichen Bedingungen, und dann müssen die Steuergelder zum Beispiel anders verteilt werden. Oder es werden neue Produkte entwickelt, bei denen auch wieder per Gesetz geregelt werden muss, wie sie eingesetzt werden dürfen. Ein Verbot, beim Autofahren mit dem Handy zu telefonieren, war zum Beispiel vor ein paar Jahren noch gar nicht nötig, weil es keine Handys gab. In einer Sitzung nach den Sommerferien hat der Bundestag 16 neue Gesetze auf den Weg gebracht, darunter ein Gesetz zur Erhöhung des Kindergeldes für Familien, die nur wenig Geld haben, und ein Gesetz, das es den Handwerkern leichter machen soll, an ihren Arbeitslohn zu kommen.

## Wer redet bei einem Gesetzesentwurf mit?

Wenn der Gesetzesentwurf von der Bundesregierung kommt, wird er zuerst dem Bundesrat vorgelegt. Der Bundesrat diskutiert darüber und gibt eine Stellungnahme zu dem Gesetz ab, das heißt, er sagt seine Meinung dazu. Anschließend geht der Gesetzesentwurf zusammen mit der Stellungnahme des Bundesrats zum Bundestag. Dort diskutieren zunächst alle Abgeordneten gemeinsam darüber und bilden dann eine Arbeitsgruppe mit den jeweiligen Experten, die den Entwurf überarbeiten.

Kompliziert wird es, wenn der Bundesrat mit einem Gesetz überhaupt nicht einverstanden ist. Dann ist ein Vermittlungsausschuss nötig, der zwischen Bundesrat und Bundestag vermittelt und versucht, einen Kompromiss zu finden.

Wenn das nicht gelingt, hängt es vom jeweiligen Gesetz ab, was passiert. Bei Gesetzen, die vor allem die Interessen des ganzen Landes berühren, muss der Bundesrat nachgeben. Aber bei Gesetzen, die vor allem die Interessen der einzelnen Bundesländer betreffen, kann der Bundesrat ein Gesetz auch ganz verhindern.

Wenn ein Gesetz die Zustimmung der Bundesregierung, des Bundestags und des Bundesrats hat, wird es vom Kanzler oder dem zuständigen Minister unterschrieben und dem Bundespräsidenten zur Prüfung vorgelegt. Dieser unterschreibt das Gesetz, und dann erst ist es gültig und kann veröffentlicht werden.

Du siehst, es ist ganz schön aufwendig, bis so ein Gesetz gemacht ist. Aber nur wenn viele Abgeordnete bei der Gesetzgebung mitreden können, ist gewährleistet, dass nachher wirklich viele Menschen das Gesetz auch richtig finden.

# 4. Wer sorgt dafür, dass bei uns die Freiheit und die Rechte bestehen bleiben?

Worum sich die Exekutive kümmert und wie ein Einbrecher festgenommen wird, welche Arten von Gerichten es gibt und was in der Verfassung steht

Inzwischen weißt du, wie Gesetze zustande kommen, wer sie formuliert und wer ihnen zustimmen muss. Wenn ein Gesetzesentwurf zum Gesetz geworden ist und der Bundespräsident das akzeptiert hat, ist er geltendes Recht geworden, und jeder in Deutschland muss sich daran halten. Wenn ein Gesetz zum Beispiel vorschreibt, dass die Autofahrer auch tagsüber mit Licht fahren müssen, dann muss jeder sein Licht einschalten, ganz egal, ob er persönlich das richtig findet oder nicht.

Aber irgendjemand muss jetzt kontrollieren, ob die Gesetze eingehalten werden. Und jemand muss sich überlegen, was passiert, wenn sich einer nicht an die Gesetze hält.

**Was ist dabei die Aufgabe der Staatsgewalten?**

Erinnerst du dich an die drei Säulen, auf denen der Staat steht? Sie haben alle mit den Gesetzen zu tun. Die eine Säule ist die Gesetzgebung, die Legislative. Wie sie funktioniert, steht im vorigen Kapitel. Die zweite Säule ist die Exekutive. Sie verwaltet den Staat und ist dafür zuständig, dass die Gesetze ausgeführt und eingehalten werden.

Zur Exekutive gehören die verschiedenen Ämter und Verwaltungen, das Finanzamt und das Forstamt zum Beispiel, und die Polizei. Die dritte Säule ist die Judikative, die Rechtsprechung. Dazu gehören die Richter. Sie beschäftigen sich mit der Frage, was mit denjenigen passiert, die sich nicht an die Gesetze halten. In Gerichtsverhandlungen sprechen sie Recht.

### Warum gehört die Polizei zur Exekutive und die Richter zur Judikative?

Exekutive kommt von dem lateinischen Wort „executio", das Vollstreckung oder Durchführung bedeutet. Die Polizei oder die Mitarbeiter auf den Ämtern kümmern sich darum, dass die Gesetze durchgeführt, also befolgt werden. Sie sind die „Hüter des Gesetzes".

Judikative kommt auch aus dem Lateinischen, von dem Wort „ius", das übersetzt „Recht" bedeutet. In einem demokratischen Staat sind die Richter unabhängig von der Regierung und dem Parlament. Sie sind nur den Gesetzen verpflichtet. Niemand darf ihnen vorschreiben, wie sie in einem Prozess entscheiden sollen.

**Was macht die Polizei?**

Ganz allgemein gesagt, kümmert sich die Polizei um die Aufrechterhaltung der öffentlichen Sicherheit. Das bedeutet, dass sie sich nicht nur mit richtigen Verbrechen wie Einbrüchen, Körperverletzungen und Morden beschäftigt, sondern alle Gesetzesübertretungen verfolgt.

Besonders häufig sieht man die Polizeibeamten, wenn sie auf die öffentliche Sicherheit im Straßenverkehr achten. Sie kontrollieren mit Radargeräten, ob sich alle Autofahrer an die vorgeschriebene Geschwindigkeit halten, sie verteilen Strafzettel, wenn ein Auto falsch parkt, sie passen auf, dass alle angeschnallt sind und die Kinder auf den richtigen Kindersitzen sitzen.

Aber natürlich kümmert sich die Polizei nicht nur um die Autofahrer. Auch als Radfahrer musst du dich an die Straßenverkehrsordnung halten. Wenn du dagegen verstößt, also wenn du zum Beispiel deinen Freund hinten auf dem Fahrradgepäckträger mitnimmst, und ein Polizeibeamter das sieht, wird er dich anhalten und deinen Freund zum Absteigen auffordern.

## Wofür ist die Polizei noch zuständig?

Die Polizei kümmert sich auch darum, wenn Menschen die Umwelt verschmutzen oder wenn sie so miteinander streiten, dass eine Schlägerei droht oder womöglich schon im Gange ist.

Wenn jemand vermisst wird, sucht ihn die Polizei, wenn sich jemand bedroht fühlt, kann er sich an die Polizei wenden, und wenn jemand findet, dass ein anderer gegen ein Gesetz verstoßen hat, kann er ihn bei der Polizei anzeigen.

Die Polizei verfolgt aber nicht nur Straftaten, sondern sie informiert auch darüber, wie jeder möglichst sicher leben kann. Dazu besuchen Polizeibeamte zum Beispiel Kindergärten und Schulen, klären die Kinder über die Gefahren im Straßenverkehr auf und führen die Prüfung zum Fahrradführerschein durch. Bei älteren Schülern halten sie Vorträge über den richtigen Umgang mit dem Internet und warnen vor bestimmten Webseiten.

## Wie arbeiten die Polizei und die Gerichte zusammen?

Stell dir vor, in deiner Schule ist eingebrochen worden. Während alle Kinder und Lehrer am Wochenende zu Hause waren, haben Diebe die Glastür zum Schulhof ausgehebelt und sind in deine Schule eingestiegen. Im Sekretariat haben sie die Schränke durchwühlt und die Kaffeekasse und zwei Laptops gestohlen. Außerdem haben sie den Kaffeeautomaten in der Eingangshalle aufgebrochen und das Geld, das darin war, mitgenommen.

Die Sekretärin ist am Montagmorgen als erste in der Schule. Sie ruft sofort die Polizei an, um den Einbruch zu melden. Zwei Polizeibeamte kommen und schreiben auf, was gestohlen wurde und was die Einbrecher kaputtgemacht haben. Außerdem suchen sie nach Spuren im Gebäude, die die Diebe hinterlassen haben könnten. Verdächtige Gegenstände, die einen Hinweis auf die Täter geben könnten, nehmen die Beamten mit.

Nachdem sie den Tatort, also deine Schule, kontrolliert haben, suchen die Polizisten nach Zeugen, also nach Menschen, die etwas von dem Einbruch mitbekommen haben. Dazu befragen sie die Nachbarn. Hat womöglich jemand einen der Einbrecher gesehen?

Wenn ein Nachbar das glaubt, bitten die Polizeibeamten ihn, mit aufs Revier zu kommen, um ein Phantombild des Diebes herstellen zu lassen. Der Zeuge beschreibt, wie der Mann ausgesehen hat, der der Dieb gewesen sein könnte, und ein Polizeibeamter zeichnet ein Bild von ihm im Computer. Außerdem werden dem Zeugen Fotos von bekannten Einbrechern vorgelegt.

Wenn dein Nachbar auf einem der Fotos den Mann erkennt, der am Sonntag mit einer großen Tasche aus deiner Schule gekommen ist, wird die Polizei aktiv. Sie fährt zur Wohnung des Verdächtigen und fragt ihn, was er an dem Wochenende gemacht hat, an dem in der Schule eingebrochen worden ist. Wenn der Verdächtige nicht genau nachweisen kann, dass er an einem anderen Ort war und mit dem Einbruch nichts zu tun haben kann, wird es ernst für ihn. Unter dem dringenden Tatverdacht des Einbruchs können die Polizeibeamten ihn festnehmen. Eines ist wichtig zu wissen: Es gibt ein „Gewaltmonopol" des Staates, das heißt: Der Schulleiter darf die Diebe nicht selbst bestrafen, dieses darf nur der Staat!

Aber jetzt wird die Judikative ganz wichtig. Denn kein Verdächtiger darf länger als eine Nacht im Gefängnis sitzen, ohne dass ein Richter informiert wird. Der Richter entscheidet, ob der Verdächtige wirklich noch in Haft bleiben soll, oder ob er freigelassen wird. Wenn der Richter findet, er soll noch im Gefängnis bleiben, muss er einen schriftlichen Haftbefehl ausfertigen.

Der Staatsanwalt ist dabei das Bindeglied zwischen der Polizei und dem Gericht. Die Polizisten, die den Einbruch untersuchen, müssen den Staatsanwalt über ihre Ermittlungen auf dem Laufenden halten. Wenn der Staatsanwalt glaubt, dass der Verdächtige schuld ist, strebt er ein Gerichtsverfahren an, in dem das geklärt wird.

Bei jedem Prozess ist aber ein Grundsatz ganz wichtig: Bis zum Beweis des Gegenteils gilt kein Mensch als schuldig! Niemand darf verurteilt werden, bevor es ein richtiges Gerichtsverfahren gegeben hat!

## Artikel 103 des Grundgesetzes

(1) Vor Gericht hat jedermann Anspruch auf rechtliches Gehör.

(2) Eine Tat kann nur bestraft werden, wenn die Strafbarkeit gesetzlich bestimmt war, bevor die Tat begangen wurde.

(3) Niemand darf wegen derselben Tat auf Grund der allgemeinen Strafgesetze mehrmals bestraft werden.

## Wer spricht eigentlich Recht?

In Deutschland gibt es verschiedene Gerichte, die für die Rechtsprechung zuständig sind. In jedem Bundesland gibt es Amts-, Land- und Oberlandesgerichte. Sie werden vom Bundesgerichtshof kontrolliert. Welches Gericht für welchen Prozess zuständig ist, hängt vom Verbrechen ab, über das geurteilt werden muss. Die verschiedenen Gerichte bauen im Grunde genauso aufeinander auf, wie die ganze Verwaltung der Bundesrepublik. Dabei wird grundsätzlich unterschieden zwischen Privatrecht (Streit zwischen Mietern, Scheidungen, etc.) und öffentlichem Recht (bei öffentlichem Interesse, bei Straftaten).

## Welche Prozesse führt das Amtsgericht?

Die Amtsgerichte sind in der Regel für eine Gemeinde zuständig. Leichtere Vergehen wie zum Beispiel ein einfacher Diebstahl, bei dem niemand verletzt worden ist, werden dort verhandelt. Auch Streitigkeiten zwischen Mieter und Vermieter werden vor einem

Amtsgericht entschieden, genauso wie der Streit zwischen Eltern, die sich scheiden lassen wollen und klären müssen, wie oft welches Elternteil die Kinder bei sich haben darf.

## Worüber entscheidet das Landgericht?

Das Landgericht ist das nächsthöhere Gericht. Es ist für größere Verbrechen zuständig, bei denen zum Beispiel davon ausgegangen wird, dass derjenige, der verurteilt wird, eine Gefängnisstrafe von mindestens vier Jahren bekommt. Außerdem kann man sich beim Landgericht beschweren, wenn man mit Entscheidungen des Amtsgerichts nicht einverstanden ist. Dann legt man dort Berufung ein.

## Was macht das Oberlandesgericht?

Über dem Landgericht steht das Oberlandesgericht. Jedes Bundesland hat zwischen ein und drei Oberlandesgerichte, wo zum Beispiel Beschwerden gegen Urteile des Landgerichts nachgegangen wird oder besonders schwere Verbrechen behandelt werden.

### Wird die Bevölkerung an der Rechtsprechung beteiligt?

Bei den Amts- und Landgerichten nehmen bei Strafprozessen zwei Bürger teil, die als Schöffen zusammen mit dem Richter das Strafmaß festsetzen. Sie arbeiten ehrenamtlich, das heißt, sie werden für ihre Arbeit nicht bezahlt. In manchen Gemeinden kann man sich als Schöffe bewerben. Normalerweise wird man aber dazu berufen und man kann nur in wenigen Fällen eine solche Berufung ablehnen.

## Malte fragt nach ...
## bei Elke Rist, Polizistin einer
## Stuttgarter Reiterstaffel

### ➔ Was macht die Polizei eigentlich den ganzen Tag?

Wir haben viele Aufgaben: Zum einen sollten wir täglich auf Streife gehen, also unterwegs sein: wir mit unseren Pferden, andere Polizisten mit dem Streifenwagen oder zu Fuß. Wir kontrollieren Wege und Plätze, Parks und Wälder, damit dort nichts passiert. Das nennt man Präventionsstreifen – vorbeugende Streifen.

Zum anderen müssen wir Anzeigen schreiben, wenn doch etwas passiert ist, damit derjenige, der etwas angestellt hat, auch seine gerechte Strafe bekommt. Und dann kommen noch besondere Einsätze hinzu, zum Beispiel bei den vielen Fußballspielen.

### ➔ Darf ein Polizist jeden verhaften? Wie geht das vom Pferd aus?

Grundsätzlich darf ein Polizist jeden festnehmen, bei dem man weiß, dass er etwas gemacht hat, was man laut Gesetz nicht tun darf. Vom Pferd aus halte ich diejenige Person an, und bitte dann über Funk die Zentrale, mir einen Streifenwagen zur Unterstützung zu schicken. Die Kollegen, die mit dem Auto kommen, nehmen die Person dann mit.

### ➔ Kennt Ihr Polizeipferd auch die Gesetze und macht z. B. nicht auf die Straße?

Nein, mein Pferd kennt die Gesetze leider nicht. Aber ein Hund oder andere Tiere kennen ja auch keine Gesetze, wie wir sie kennen.

### ⤷ Gibt es Gesetze, die Sie zu streng oder zu locker finden?

Im Großen und Ganzen sind unsere Gesetze ganz in Ordnung. Es liegt ja auch oft am Richter, der die Strafe anordnet. Nicht immer wird die Höchststrafe, die ein Gesetz vorsieht, verhängt. Die Richter beurteilen ja auch immer die Umstände, warum es zu der Tat gekommen ist.

### ⤷ Wie erfahren Sie denn von den ganzen neuen Gesetzen, die Politiker beschließen?

Wir werden schriftlich über neue Gesetze informiert. Wenn so ein neues Gesetz beschlossen wurde, wird es schriftlich festgehalten und an alle Behörden, die das wissen müssen, verteilt. Und so erfahren auch alle Polizisten von den neuen Gesetzen. Außerdem können wir uns noch im Rahmen von Fortbildungsveranstaltungen, z. B. Vorträgen, über neue Gesetze informieren.

### ⤷ Was lieben Sie an ihrer Arbeit außer Ihrem vierbeinigen „Dienstwagen"?

Ich finde es gut, dass ich ein ganz klein wenig für Gerechtigkeit sorgen kann.

## Warum sind die Legislative und die Judikative voneinander getrennt?

In einer Demokratie ist es ganz wichtig, dass niemand zu viel Macht bekommt. Deshalb ist die Staatsgewalt in die Legislative, die Exekutive und die Judikative aufgeteilt. Diejenigen, die die Gesetze machen, dürfen nicht darüber bestimmen, was passiert, wenn die Gesetze, die sie erlassen haben, nicht eingehalten werden. Dadurch wird verhindert, dass die Gesetzemacher festlegen können, wie wichtig ein Gesetz ist. Nur die Richter dürfen entscheiden, wie schlimm es ist, wenn es nicht eingehalten wird.

## Und wie ist das zwischen Exekutive und Judikative?

Schwieriger ist es vielleicht, die Trennung zwischen Exekutive und Judikative zu verstehen.

Warum dürfen die, die einen Täter überführt haben, nicht auch festlegen, wie er bestraft werden soll? Wahrscheinlich würde das zu ziemlich vielen ungerechten Urteilen führen.

Angenommen, du hast einen ganzen Tag lang einen Dieb gejagt, der dir deinen I-Pod geklaut hat. Du hast dir dabei deine Hose zerrissen, das Knie aufgeschlagen, du musstest durch einen kalten Bach waten und zum Schluss bist du auch noch ausgerutscht und mitten ins Wasser gefallen. Aber dann hast du den Dieb endlich gehabt. Und nach dem vielen Ärger würdest du ihm vermutlich eine richtig hohe Strafe verpassen. Nur hätte die mit dem Verbrechen, das er verübt hat, gar nicht mehr viel zu tun. Du würdest das Strafmaß danach festlegen, wie wütend du bist, und das wäre nicht gerecht.

Den Polizeibeamten kann es ähnlich gehen. Deshalb entscheidet vor Gericht ein Richter, der kein aufgeschlagenes Knie mit dem Angeklagten verbindet, sondern der nur die Straftat und die Person des Angeklagten vor Augen hat, über das Strafmaß. Denn es geht bei der Rechtsprechung nie um persönliche Rache. Und jeder Mensch, ganz egal, was ihm vorgeworfen wird, hat ein Recht auf einen fairen Prozess.

## Was macht das Bundesverfassungsgericht?

Das Bundesverfassungsgericht ist das höchste Gericht in Deutschland. Die Richter, die dort arbeiten, beschäftigen sich nicht mit normalen Straffällen. Sie wachen darüber, dass die Regierung, der Bundestag und die normalen Gerichte die Verfassung der Bundesrepublik Deutschland einhalten.

Die Bundesverfassungsrichter bestimmen, wie welcher Artikel der Verfassung zu verstehen ist. Die Deutung des Bundesverfassungsgerichts ist für alle Menschen und alle Institutionen verbindlich. Mit anderen Worten: Das Bundesverfassungsgericht hat immer recht.

Für unsere Demokratie ist das Bundesverfassungsgericht als Hüter der Verfassung genauso wichtig wie die Bundesregierung, der Bundestag, der Bundesrat und der Bundespräsident. Es kann zum Beispiel auch Parteien verbieten, die die freiheitlich demokratische Grundordnung der Bundesrepublik gefährden.

## Wer wendet sich an das Bundesverfassungsgericht?

Oft sind die Parteien, deren Abgeordnete im Bundestag in der Minderheit sind, mit Entscheidungen der Regierungspartei nicht einverstanden. Dann wenden sie sich an das Bundesverfassungsgericht. Wenn die Regierung zum Beispiel beschließt, deutsche Soldaten in ein Krisengebiet zu schicken, und eine Partei findet, dass dieser Einsatz nicht damit zu vereinbaren ist, was im Grundgesetz steht, fragt sie das Bundesverfassungsgericht. Das muss dann entscheiden, ob der Bundeswehreinsatz rechtmäßig ist, das heißt, ob das Grundgesetz ihn erlaubt.

Doch auch jeder Bürger, der der Meinung ist, dass seine Grundrechte vom Staat beeinträchtigt worden sind, kann beim Bundesverfassungsgericht Beschwerde einlegen.

## Wer sitzt im Bundesverfassungsgericht?

Das Bundesverfassungsgericht besteht aus zwei Senaten mit je acht Richtern. Die Hälfte der Richter wird durch Bundestagsabgeordnete gewählt, die andere Hälfte durch den Bundesrat. Die Richter bleiben zwölf Jahre im Amt.

### Was steht eigentlich in der Verfassung?

Das Grundgesetz der Bundesrepublik Deutschland wird auch Verfassung genannt. Es ist die rechtliche Grundordnung unseres Staates. Im Grundgesetz ist festgelegt, dass Deutschland eine Demokratie ist, dass es in einzelne Bundesländer unterteilt ist und dass es ein Sozialstaat ist, in dem jeder Verantwortung für die anderen trägt. Für jeden einzelnen Bürger der Bundesrepublik Deutschland sichert das Grundgesetz die Grundrechte. Jeder muss sich daran halten.

### Welche Grundrechte gibt es?

Zu den Grundrechten gehört zum Beispiel die Versammlungsfreiheit. Darunter versteht man, dass sich Menschen in der Öffentlichkeit versammeln dürfen, ohne dass die Polizei sie vertreiben kann. Vielleicht wunderst du dich, dass so etwas Alltägliches extra in die Verfassung geschrieben werden muss, aber tatsächlich ist es zum Beispiel in Diktaturen so, dass die Polizei dort brutal gegen Menschen vorgeht, die sich versammeln, weil sie unterbinden möchte, dass sie gegen die Regierung demonstrieren. Im Grundgesetz ist verankert, dass jeder Mensch seine politische Meinung frei äußern darf.

Das höchste Grundrecht ist der Schutz der Menschenwürde. Das bedeutet, dass jeder Mensch, weil er ein Mensch ist, einen Wert besitzt, der beschützt wird. Er muss dafür keine besondere Leistung erbringen, und niemand besitzt mehr Menschenwürde als ein anderer – nur weil er vielleicht reicher oder schöner ist.

Ein anderes Grundrecht ist das Recht auf Glaubensfreiheit. Es bedeutet, dass dir niemand vorschreiben darf, ob du an Gott, Allah, Buddha oder an niemanden glaubst. Auch das Recht auf Gleichberechtigung, das Frauen und Männer einander gleichstellt, steht im Grundgesetz.

Allerdings gibt es nicht nur Rechte im Grundgesetz, sondern auch Pflichten. Eine erfüllst du fast jeden Tag: die Schulpflicht. In der Verfassung ist verankert, dass du, wenn du sechs Jahre alt geworden bist, in die Schule gehen musst.

Das Grundgesetz umfasst 146 Artikel.

# 5. Kann ich auch schon an der Politik teilnehmen? Aber klar!

Was der Klassensprecher darf und wie die Schülermitverantwortung funktioniert, wie man Schülersprecher wird und warum früher nicht alles besser war

Politik beginnt nicht weit weg in Berlin, und du musst auch nicht Mitglied irgendeiner Partei werden, um dich politisch zu engagieren. Du kannst an einem ganz nahe liegenden Ort anfangen, an dem du fast täglich bist: an deiner Schule. An deiner Schule handelst du politisch, sobald du dich damit beschäftigst, wie es da eigentlich läuft, dich einmischst und nicht alles hinnimmst, wie es eben ist.

Wenn du dich über eine ungerechte Behandlung ärgerst und deshalb mit dem Lehrer redest, um eine Änderung der Situation zu erreichen, handelst du politisch, und wenn du dich mit anderen aus deiner Klasse zusammentust, und dich darum bemühst, etwas an deiner Schule zu verbessern, handelst du auch politisch.

### Wie demokratisch ist die Schule?

Auch in der Schule gibt es demokratische Strukturen. Es funktioniert nicht genau so wie in der „großen" Politik. Du kannst deine Lehrer nicht wählen, und du kannst den Direktor nicht absetzen, wenn du nicht mit ihm zufrieden bist. Aber es gibt Möglichkeiten für die Schüler, in der Schule mitzubestimmen.

Das geht nicht nach Lust und Laune und wenn es dir gerade in den Sinn kommt, sondern nur in einem festen Rahmen, der vorgegeben ist. Jede Schule, außer der Grundschule, hat dafür die SMV, die alle Schüler vertritt.

### Was bedeutet SMV?

SMV heißt Schülermitverantwortung. Viele glauben, dass SMV „Schülermitverwaltung" heißt, aber das ist falsch. „Schülermitverantwortung" geht über „Schülermitverwaltung" weit hinaus. Unter Verwaltungsaufgaben kann man Aufgaben verstehen, die man auf Anweisung von anderen, von Lehrern zum Beispiel, ausführt. Aber „Schülermitverantwortung" bedeutet, dass die Schüler selbst Verantwortung übernehmen, dass sie von sich aus etwas bewegen. Ganz wichtig ist außerdem, dass die SMV Sache aller Schüler einer Schule ist und nicht nur einiger weniger.

### Wie funktioniert Demokratie an der Schule?

Alle Schüler haben das Recht, ihre Meinung zu äußern. Aber wenn jeder einzeln zum Direktor laufen würde, weil er findet, dass sein Klassenzimmer einen neuen Teppichboden braucht oder die Schulklos endlich renoviert werden müssen, gäbe das nur ein riesiges Durcheinander. Damit Probleme schnell gelöst werden können und trotzdem jeder Schüler berücksichtigt werden kann, sind die Schüler demokratisch organisiert.

Schon in der Grundschule wählt jede Klasse zwei Klassensprecher, die ihre Interessen gegenüber den Lehrern und der Schulleitung vertreten. In manchen Klassen wird Wert darauf gelegt, dass ein Klassensprecher ein Mädchen und der andere ein Junge ist, andere Klassen lassen auch zwei Jungen oder zwei Mädchen zu.

## Wie wähle ich einen Klassensprecher?

Die Wahl der Klassensprecher kann unterschiedlich ablaufen. Normalerweise ist sie geheim. Das ist wichtig, damit du wirklich denjenigen wählen kannst, den du als Klassensprecher am besten findest, ohne Angst haben zu müssen, dass dein Freund dann vielleicht nicht mehr mit dir redet, weil du ihn nicht gewählt hast.

Bei einer geheimen Wahl schreibt man die Namen derjenigen, die man wählt, auf einen Zettel und faltet ihn zusammen. Einer aus der Klasse sammelt die Zettel ein, öffnet sie und liest vor, was darauf steht. Ein anderer schreibt die Namen der gewählten Kinder an die Tafel und macht für jede Stimme einen Strich hinter den Namen. In der Regel wird dann der Schüler mit den meisten Stimmen Klassensprecher und der mit den zweitmeisten sein Stellvertreter.

### Wer darf eigentlich Klassensprecher werden?

Jeder in der Klasse kann sich wählen lassen. Es kann manchmal ziemlich traurig sein, wenn man sich zur Wahl stellt und dann vielleicht nur ganz wenige Stimmen bekommt. Das ist immer ein Risiko, wenn man so mutig ist, sich aufstellen zu lassen. Du musst dir aber klarmachen, dass bei einer Klassensprecherwahl nicht der beste Freund oder die beste Freundin gewählt wird, sondern derjenige, von dem die Klasse meint, dass er sie am besten nach außen vertreten kann.

## Welche Aufgaben hat der Klassensprecher?

Der Klassensprecher ist für alle Schüler seiner Klasse da. Natürlich soll jeder lernen, seine Meinung selbst zu vertreten und nicht einfach den Klassensprecher vorschicken, wenn ihm etwas nicht passt. Aber Schüler, denen das schwerfällt, kann der Klassensprecher unterstützen.

Vorschläge aus der Klasse, die für alle wichtig sind, gibt der Klassensprecher an die Lehrer weiter. Außerdem vermittelt er bei Streit unter seinen Mitschülern oder bei Schwierigkeiten zwischen der Klasse und dem Lehrer. Er kann vom Klassenlehrer eine Stunde erbitten, um wichtige Themen mit seiner Klasse zu besprechen, und er nimmt an den Sitzungen des Schülerrats teil.

## Was ist der Schülerrat?

Im Schülerrat sitzen alle Klassensprecher einer Schule. Aus ihren Reihen wählen sie einen Schülersprecher und seinen Stellvertreter. Außerdem wählen sie die Mitglieder der Schulkonferenz und die Vertrauenslehrer.

## Wie funktioniert die Schülermitverantwortung?

Alles, was die Schule betrifft, wird nicht von der Bundesregierung in Berlin geregelt, sondern von den einzelnen Bundesländern bestimmt. Deshalb hat jedes Bundesland auch eine eigene Verordnung, die die Rechte und Pflichten der Schülermitverantwortung festlegt. Aber vier Grundsätze lassen sich aus allen Verordnungen ableiten:

(zitiert nach: „Die 5 Gebote der SMV"; Peter Walz ; SMV Info 37)

- *1. Grundsatz: Die SMV ist Sache aller Schüler der gesamten Schule*
  Das bedeutet, dass nicht nur die Klassensprecher und die Schülersprecher Verantwortung übernehmen, sondern dass alle Schüler dazu aufgefordert sind, an ihrer Schule mitzuarbeiten. Nur dann können tolle Projekte verwirklicht und wichtige Veränderungen angeschoben werden.

- *2. Grundsatz: Die SMV ist von allen am Schulleben Beteiligten zu unterstützen*
  Schulleiter, Lehrer, Hausmeister, das Sekretariat und die Eltern müssen die SMV-Arbeit unterstützen. Die Schulleitung stellt der SMV zum Beispiel Papier und Kopierer zur Verfügung, und der Hausmeister hängt ein Schwarzes Brett im Schulgebäude auf, damit die SMV alle Schüler über wichtige Aktivitäten informieren kann. Außerdem darf niemand der SMV vorschreiben, welche Projekte sie verwirklichen soll.

- *3. Grundsatz: Insbesondere soll die SMV die fachlichen, sportlichen, kulturellen, sozialen und politischen Interessen der Schüler fördern*
  Die SMV ist nicht nur dazu da, Feste zu organisieren. Sie soll auch andere wichtige Funktionen in der Schule übernehmen, zum Beispiel Außenseiter integrieren, politisches Bewusstsein

fördern, bei Gewalttätigkeiten gegensteuern und sich mit den Lehrern auseinandersetzen.

4. *Grundsatz: Der SMV ist Gelegenheit zu geben, in allen dafür geeigneten Aufgabenbereichen der Schule mitzuarbeiten*
Schülervertreter sitzen in der Schulkonferenz zusammen mit dem Schulleiter, Eltern- und Lehrervertretern als gleichberechtigte Mitglieder. Die SMV kann auch Vertreter zu der Gesamtlehrerkonferenz, in der alle Lehrer einer Schule miteinander diskutieren, schicken.

## Was passiert in der Schulkonferenz?

In der Schulkonferenz sitzen der Schulleiter, der Elternbeiratsvorsitzende, ein Lehrer und der Schülersprecher. Wenn die Schule größer ist, kommen noch mehr Elternvertreter, Lehrer und Schülervertreter dazu. Gemeinsam beraten sie über alle Dinge, die für die Schule wichtig sind. Es wird zum Beispiel diskutiert und abgestimmt, welche Materialien oder Geräte angeschafft werden sollen und in welche Richtung sich die Schule weiterentwickeln will. Wenn du in die Schulkonferenz gewählt bist, musst du Dinge für dich behalten können. Denn nicht alles, über das dort geredet wird, sollen gleich deine Mitschüler erfahren.

## Wie wird man Schülersprecher?

Wenn im neuen Schuljahr alle Klassensprecher gewählt sind, wird der Schülerrat einberufen, um den Schülersprecher und die Vertrauenslehrer zu wählen. Jeder kann sich als Schülersprecher zur Wahl stellen.

Ansonsten gilt für den Schülersprecher das gleiche wie für den Klassensprecher: Er muss seine Meinung vertreten können und darf keine Angst davor haben, auch mal einen Konflikt einzugehen. Außerdem muss er selbstständig arbeiten können und bereit sein, Verantwortung zu übernehmen. Er leitet die Sitzungen des Schülerrats und gibt Informationen, die er von der Schulleitung hat, an die Klassensprecher weiter – wenn sie nicht vertraulich sind.

# Mein Bericht vom Schülerrat

Heute war meine erste Schülerratssitzung. Ich bin nämlich seit genau neun Tagen Klassensprecherin der 5 b und deshalb auch zur Sitzung vom Schülerrat eingeladen worden. Etwas aufgeregt war ich schon und habe mich deshalb zusammen mit Jan, der der zweite Klassensprecher in meiner Klasse ist, ganz hinten hingesetzt.

Ich hatte manchmal Schwierigkeiten, alles mitzukriegen, weil drei Große aus der 12. Klasse oder so, ziemlich viel Quatsch gemacht haben. Aber bei den Wahlen waren alle immer ganz still und haben gut mitgemacht. Und es wurde viel gewählt.

Zuerst der neue Schülersprecher. Die beiden Schülersprecherinnen, die das bisher gemacht hatten, haben die ganzen Wahlen geleitet und immer an die Tafel geschrieben, wer wie viele Stimmen gekriegt hat. Insgesamt haben sich drei Schüler zur Wahl gestellt, zwei Mädchen und ein Junge, alle aus der 11. oder 12. Klasse.

Erst hat der Junge erzählt, was er machen will, wenn er Schülersprecher ist, zum Beispiel mit den SMVen der anderen Schulen zusammenarbeiten und vielleicht sogar einen Weihnachtsball organisieren. Dann hat das eine Mädchen erzählt, dass es schon lange in der SMV mitarbeitet und ganz viele Kontakte hat und auch die Schulkonferenz schon kennt.

Und dann kam das andere Mädchen, das total nett gewirkt hat, und die hat dann auch die meisten Stimmen gekriegt. Sie hat gesagt, dass sie sich vor allem für ein besseres Miteinander zwischen älteren und jüngeren Schülern einsetzen will und ein offenes Ohr hat für alle. Die hab ich auch gewählt. Ihre Stellvertretung ist das andere Mädchen geworden.

Die Wahl war geheim, und man musste zweimal wählen. Im ersten Durchgang wurde der erste Schülersprecher gewählt und im zweiten Durchgang der zweite.

Es hat ewig gedauert, bis die Stimmenauszählerin die Zettel aufgefaltet hatte. Die drei, die gewählt werden wollten, waren total aufgeregt. Mir tat das eine Mädchen leid, das bei dem ersten Wahldurchgang fast keine

Stimme hatte. Aber beim zweiten Wahldurchgang hatte sie dann sogar mehr als der Junge.

Der ist dafür Kassenwart geworden. Der musste nämlich auch noch gewählt werden. Der Kassenwart verwaltet das Geld, das die SMV zur Verfügung hat. Außerdem wurde dann noch ein Kassenprüfer gewählt, der auf den Kassenwart aufpasst, und noch die Vertreter für die Schulkonferenz.

Ich hätte auch gerne was gemacht, aber ich hab mich noch nicht getraut. Vielleicht nächstes Jahr, wenn ich mehr Leute kenne. Und dann wurden noch die Vertrauenslehrer gewählt, aber das war einfach. Es sind wieder die beiden Lehrerinnen geworden, die es schon letztes Jahr gewesen sind. Die wirken auch nett.

Für mich war das alles noch ganz schön neu, und manchmal hätte ich mir gewünscht, dass es ein bisschen langsamer geht und man vielleicht eine Frage stellen kann, wenn man nicht genau weiß, was man eigentlich gerade wählt. Zum Beispiel den Kassenprüfer oder so. Aber wahrscheinlich hätte ich mich gar nicht getraut zu fragen. Und es war auch zu wenig Zeit, denn mitten in der letzten Wahl hat es schon geklingelt, und dann mussten eigentlich alle zum Unterricht.

Aber bald ist das SMV-Seminar. Da fahren alle Klassensprecher mit den Schülersprecherinnen und den Vertrauenslehrerinnen auf eine Hütte im Schwarzwald, und dann wird ein ganzes Wochenende lang darüber gesprochen, was die SMV dieses Jahr machen will. Da habe ich dann bestimmt auch noch genug Zeit alles zu fragen, was mir noch nicht klar ist.

Anja, 11 Jahre

## Malte fragt nach ...
bei der KI.KA-Moderatorin
Singa Gätgens

**❥ Das politische Leben ist ganz schön kompliziert und nicht leicht überschaubar. Kann man schon als Schülerin oder Schüler an der Politik teilnehmen?**

Na klar! Zum einen kann man sich bei den Städten oder Gemeinden engagieren. Meist gibt es Jugendclubs oder Parteien, die etwas in der Art anbieten. Es muss aber nicht unbedingt um Politik gehen. Man könnte sich auch erst mal in der Schule engagieren. Zum Beispiel als Klassenbuchführer oder Klassensprecher!

**❥ Du warst früher Klassensprecherin und sogar Schülersprecherin, warum hast du dich so an deiner Schule engagiert?**

Ich habe schon immer gerne diskutiert und mich für bestimmte Dinge eingesetzt. Ich fand es toll, etwas zu bewegen oder zu verändern. Egal, ob es die eigenen Interessen waren oder die eines Mitschülers. Die Augen vor etwas Problematischem verschließen, kann jeder. Sich dann aber stark zu machen und etwas erreichen, macht Spaß und ist eine tolle Herausforderung.

**❥ Was hast du dadurch für deine Mitschüler erreicht?**

Ich habe mich zum Beispiel – als absolute Nichtraucherin – für eine Raucherecke eingesetzt. Die „Großen" haben immer auf der Toilette geraucht. Es hat fürchterlich gestunken, und die Fünftklässler haben sich in den Pausen nicht aufs Klo getraut. Wir haben dann so etwas wie eine Raucherecke eingerichtet, in der ab einem bestimmten Alter und mit Erlaubnis der Eltern geraucht werden durfte. Das hat gut funktioniert ...

**➲ Das Nichtraucherschutzgesetz ist ein großes politisches Thema. Verstehst du die Politik in Deutschland leichter, weil du so etwas „in kleiner" schon selbst erlebt hast?**

Alles verstehe ich auch nicht. Aber das Verständnis wächst mit dem Interesse. Und auch die Politiker verstehen ja nicht immer alles; manchmal handeln sie und bedenken nicht alle Konsequenzen. Erst gibt es das absolute Rauchverbot in Kneipen und Restaurants, und dann wird es wieder gelockert. Es ist also schwer, Politik zu verstehen, aber noch schwieriger ist es, Politik zu machen. Egal, ob man sich als „Kleiner" schon mal damit befasst hat. Und das tollste ist: Die besten Kapitäne stehen immer an Land!

**➲ Interessierst du dich für Politik?**

Ja klar! Es ist wichtig zu wissen, was gerade im Land, in der Welt und in der Wirtschaft geschieht. Aber mal ganz ehrlich: Als Kind und Jugendliche fand ich das auch überhaupt nicht spannend. Erst als ich auf das Wirtschaftsgymnasium kam, habe ich angefangen, mich dafür zu interessieren. Eigentlich schade, denn die Politik kann so spannend sein! Es ist wichtig, seine eigenen Gedanken zu haben und diese auch mal zu verwirklichen. Aber das ist nicht immer so einfach, wie wir es täglich in den Medien hören.

**➲ Was wünschst du dir von deutschen Politikern?**

Mehr Ehrlichkeit. Und einen größeren Zusammenhalt. Man hat oft das Gefühl, dass die Opposition immer gegen einen Vorschlag ist. Es wäre doch viel einfacher, wenn man mehr Hand in Hand arbeiten würde.

## Wie demokratisch war die Schule früher?

Die Schülermitverantwortung gibt es noch gar nicht so lange. Erst mit der Gründung der Bundesrepublik Deutschland wurde den Verantwortlichen allmählich bewusst, dass Demokratie nichts ist, was man von Geburt an kann, sondern dass ein demokratisches Bewusstsein eingeübt werden muss. Und dass man dafür bei den Kindern anfangen sollte.

1953 gab es einen ersten Erlass der Regierung in Baden-Württemberg zum Thema SMV. Er lautete so:

„Die Jugend ist in den Schulen zu freien und verantwortungsfreudigen Bürgern zu erziehen und an der Gestaltung des Schullebens zu beteiligen."

Heute kommt dir die Forderung bestimmt ganz normal vor, so normal, dass man sie eigentlich gar nicht mehr hinschreiben muss. Aber vor hundert Jahren herrschte noch ein ganz anderer Ton an den Schulen. Damals befahl ein Schulrat:

„Damit jede Störung des Unterrichts unmöglich gemacht werde, hat der Lehrer darauf zu halten: dass alle Schüler ... gerade ... sitzen, ... dass jedes Kind seine Hände geschlossen auf die Schultafel legt ... alle breiten Auseinandersetzungen und Reden müssen wegfallen, hier muss ein Wink des Auges ... oder der einzige Ausruf: ‚Klasse – Achtung!' genügen, um die gesamte Schulordnung herzustellen."

Anfangs wurde die SMV hauptsächlich in den Schulalltag eingebunden, um den Lehrern zu helfen, die Ordnung in der Schule zu bewahren oder um soziale Aufgaben zu erfüllen, zum Beispiel in Altersheimen oder Krankenhäusern zu singen.

Erst langsam entwickelte sich die SMV zu einer politischen Organisation, die für eine demokratische Entwicklung in der Schule unverzichtbar ist und durch die die Schüler auch demokratisches Verhalten einüben können. Es bleibt aber nach wie vor wichtig, dass sich möglichst viele Schüler an der SMV-Arbeit beteiligen, damit die SMV viel Gewicht hat und Dinge bewirken kann, die der ganzen Schule nützen.

# 6. Wie ist das bei uns im Ort? Hat der Bürgermeister auch etwas mit der Regierung zu tun?

Warum der Bürgermeister ständig Hände schüttelt und wie man Gemeinderat wird

Wenn du ab und zu Zeitung liest, weißt du bestimmt, wie der Bürgermeister deiner Stadt aussieht. Denn eigentlich ist er ständig im Lokalteil abgebildet. Das ist der Teil einer Zeitung, der sich mit dem beschäftigt, was praktisch vor deiner Haustür passiert.

Der Bürgermeister kommt dort so oft vor, weil er bei allen wichtigen Ereignissen in einer Gemeinde dabei ist. Wenn der Kindergarten ein Jubiläum feiert oder wenn der Grundstein für den Bau eines neuen Altersheimes gelegt wird, wenn eine Ausstellung eröffnet wird oder wenn die neue Caféteria deiner Schule eingeweiht wird – überall hält der Bürgermeister eine Rede. Und deshalb wird er dabei auch immer fotografiert.

Natürlich hat der Bürgermeister noch viel mehr Aufgaben. Er regiert die Stadt und gehört damit zur Exekutive. Wie viel Macht er hat, ist aber nicht überall gleich. Jedes Bundesland hat das für die

Gemeinden selbstständig festgelegt. In den meisten Bundesländern ist der Bürgermeister zwar auch der Chef vom Gemeinderat, aber nicht in allen. Auch die Dauer seiner Amtszeit ist verschieden. Meistens liegt sie zwischen fünf und acht Jahren. In einigen Bundesländern wird der Bürgermeister vom Gemeinderat gewählt, in anderen von den Bürgern direkt.

## Wer darf Bürgermeister werden?

Zum Bürgermeister muss man sich wählen lassen. Zur Wahl antreten kann jeder, der zwischen 25 und 65 Jahren alt ist, in Deutschland lebt und Deutscher oder Bürger eines Staates der Europäischen Union ist. Außerdem darf er nicht vorbestraft sein, und es muss sicher sein, dass er die freiheitlich demokratische Grundordnung vertritt. Oft sind die Kandidaten, die Bürgermeister werden möchten, Mitglied einer Partei. Aber man kann auch ohne Parteimitgliedschaft zur Bürgermeisterwahl antreten. Allerdings müssen Parteilose vorher Unterstützerstimmen sammeln, also Bürger finden, die sie auf jeden Fall wählen wollen. Wie viele Bürger sie hinter sich haben müssen, ist je nach Gemeinde verschieden.

## Bestimmt ein Bürgermeister alles?

Ein Bürgermeister regiert eine Stadt nicht alleine. So wie der Bundeskanzler zusammen mit den Ministern und dem Bundestag Deutschland regiert, so regiert der Bürgermeister zusammen mit Beigeordneten und dem Gemeinderat.

In größeren Städten heißt der regierende Bürgermeister Oberbürgermeister und die Beigeordneten dann einfach Bürgermeister. Sie sind für verschiedene Bereiche zuständig. Der eine Bürgermeister kümmert sich zum Beispiel vor allem um Verkehr und Umwelt und der andere dann um die Schulen und die Familien.

## Wie regiert man überhaupt eine Stadt?

Jede Stadt hat Ämter, die sich um die öffentlichen Angelegenheiten kümmern. Du kannst bei dir im Telefonbuch unter Stadtverwaltung nachschauen, welche es gibt.

In der Regel findest du das Amt für öffentliche Ordnung, das Standesamt, das Amt für Familien, Soziales und Jugend, das Amt für Umwelt und Bauen, das Gesundheitsamt und das Finanzamt. Von Stadt zu Stadt können die Ämter allerdings unterschiedlich heißen, oder es werden verschiedene Aufgaben in einem Amt zusammengefasst.

Der Bürgermeister ist für alle Ämter verantwortlich und der Chef der Stadtangestellten. Für den Gemeinderat bereitet er die Themen vor, über die beschlossen werden soll, und er sorgt dafür, dass die Beschlüsse dann an die entsprechenden Stellen weitergeleitet werden, wo sie umgesetzt werden.

Wenn der Gemeinderat zum Beispiel beschlossen hat, dass das Gymnasium renoviert werden soll, schaltet der Bürgermeister das Bauamt ein und sorgt dafür, dass die Renovierung geplant wird.

## Kann jeder mit dem Bürgermeister sprechen?

Viele Bürgermeister halten eine Bürgersprechstunde ab, in die jeder kommen kann, der ein Problem hat, das er mit dem Bürgermeister persönlich besprechen möchte. Dafür muss man sich manchmal vorher anmelden. Fast jede Stadt hat ein Bürgerbüro, in dem du nachfragen kannst, ob dein Bürgermeister so eine Sprechstunde abhält.

## Wer rät im Gemeinderat?

Im Gemeinderat sitzen die Bürger einer Gemeinde, die sich zusammen mit dem Bürgermeister um die Regierung der Gemeinde kümmern. Eine Gemeinde kann eine Stadt sein, aber auch mehrere Dörfer, die sich zu einer Gemeinde zusammengeschlossen haben. In manchen Städten heißt der Gemeinderat auch Stadtrat. Aber egal, ob er Stadt- oder Gemeinderat heißt, immer werden seine Mitglieder von den Bewohnern der Gemeinde gewählt. Diese Wahl heißt Kommunalwahl.

Wie viele Mitglieder ein Gemeinderat hat, hängt von der Größe der Gemeinde ab. Bei kleinen Städten sind es manchmal nur acht Gemeinderäte, bei großen Städten können es bis zu neunzig sein. Meistens gehören die Gemeinderatsmitglieder einer Partei an. Es können sich aber auch parteilose Bürger zur Wahl aufstellen lassen.

## Wie wird man Gemeinderat?

In den meisten Städten und Gemeinden schlagen Parteien und Wählervereinigungen die Kandidaten für den Gemeinderat vor. Wählervereinigungen sind keine Parteien und haben also auch kein Parteiprogramm. Sie sind Zusammenschlüsse von Wählern, die sich vor allem für Angelegenheiten interessieren, die direkt mit ihrer Stadt zu tun haben.

## Wer wählt den Gemeinderat?

Den Gemeinderat dürfen auch Einwohner wählen, die nicht die deutsche Staatsbürgerschaft haben. Allerdings müssen sie aus einem Land kommen, das zur Europäischen Union gehört. Außerdem ist man nur wahlberechtigt, wenn man seit mindestens drei Monaten in der Gemeinde lebt.

In manchen Bundesländern darf man bei den Kommunalwahlen schon wählen, wenn man erst 16 Jahre alt ist, in anderen muss man 18 Jahre alt sein, wie bei den Bundestagswahlen auch. Je nach Bundesland wird der Gemeinderat für vier, fünf oder sechs Jahre gewählt.

## Darf man als Gemeinderat von einer Sitzung wegbleiben, wenn man keine Lust hat?

Auch wenn es kein Geld gibt: Wenn der Bürgermeister die Gemeinderäte zu einer Sitzung eingeladen hat, sind sie verpflichtet zu kommen. Wenn sie aus dringenden Gründen verhindert sind, müssen sie das unbedingt vor der Sitzung mitteilen. Damit auf der Gemeinderatssitzung überhaupt Beschlüsse gefasst werden können, müssen mehr als die Hälfte der Mitglieder anwesend sein. Es reicht nicht, dass die Gemeinderatsmitglieder miteinander telefonieren, um herauszufinden, wer welcher Meinung ist. Die gemeinsame Sitzung ist deshalb wichtig, weil die Gemeinderatsmitglieder miteinander beraten sollen, bevor sie etwas entscheiden.

**Wie viel Geld verdient man als Gemeinderat?**

Die Mitglieder des Gemeinderats arbeiten in der Regel ehrenamtlich, das heißt, sie bekommen kein Geld für ihre Arbeit. Sie können aber eine Aufwandsentschädigung bekommen, weil sie in der Zeit, in der sie im Gemeinderat sitzen, nicht ihrer eigentlichen Arbeit nachgehen können.

**Was beschließt der Gemeinderat eigentlich?**

Der Gemeinderat beschließt über alles, was für die Stadt wichtig ist. Zum Beispiel darüber, wofür Geld ausgegeben werden soll. Soll das Gymnasium Geld für eine Renovierung erhalten? Welche Straßenbeläge müssen erneuert werden? Wie viel Geld darf das Theater ausgeben?

Er entscheidet auch über die Vergabe von Aufträgen. Wenn also das Gymnasium renoviert werden soll, beschließt der Gemeinderat, welche Firmen die Renovierung durchführen sollen. Aber anders als der Bundestag kann der Gemeinderat keine Gesetze verabschieden.

Die Sitzungen des Gemeinderats sind meistens öffentlich. Du kannst also daran teilnehmen, wenn du willst.

# Unser Schulprojekt „Lerne deine Stadt kennen"
## Bericht von einer Gemeinderatssitzung

Lea und ich sollten für unser Projekt zu einer Gemeinderatssitzung. Ich wäre auch gern ins Heimatmuseum oder in die Stadtbibliothek, aber Lea wollte zum Gemeinderat, weil ihr Opa da drin sitzt. Und dann ist Lea krank geworden und ich musste alleine hin.

Erst habe ich den Saal überhaupt nicht gefunden. Deshalb bin ich zurück ins Bürgerbüro und habe da gefragt, und eine Frau hat mich hingebracht. Ich wusste überhaupt nicht, wie viele verwinkelte Gänge es bei uns im Rathaus gibt. Die Zuschauer durften nicht in den Saal, in dem der Gemeinderat saß, sondern mussten eine Treppe höher steigen, weil das Publikum auf der Empore sitzt. Ein bisschen wie im Theater.

Der Oberbürgermeister saß schon an seinem Tisch und drängelte ein bisschen, weil er anfangen wollte und die Gemeinderatsmitglieder noch alle miteinander geredet haben. Insgesamt waren es ungefähr fünfzig Männer, aber nur zehn Frauen. Und die meisten waren schon älter.

Zuerst fragte der Oberbürgermeister uns auf der Empore, ob wir was sagen wollten. „Bürgerfragestunde" nannte sich das, zumindest stand es so auf der Tagesordnung, die Mama mir aus dem Internet ausgedruckt hatte. Für uns gab es extra ein Mikrofon auf der Empore. Ein Mann ging zum Mikrofon und sagte, dass die Stadt an der Lilienthalkreuzung eine Ampel für die Linksabbieger braucht. Und eine Frau forderte, dass der Radweg in die Innenstadt endlich gebaut wird.

Weil sonst kein Bürger etwas sagen wollte, fingen danach die Beratungen mit dem Gemeinderat an. Das lief eigentlich immer gleich ab. Der Oberbürgermeister las einen Antrag vor, der auf der Tagesordnung stand. Wenn es der Antrag einer Partei war, dann begründete ein Gemeinderatsmitglied, warum seine Fraktion den Antrag gestellt hat, und danach wurde darüber diskutiert. Wenn es ein Antrag von der Stadt war, redete nur der Oberbürgermeister darüber, und dann wurde gleich diskutiert.

Die Diskussion war aber manchmal nicht so gut, weil sich manche gar nicht richtig zugehört haben. Eigentlich waren die Mitglieder einer Fraktion immer der selben Meinung, und bei den Abstimmungen stimmten sie dann auch alle gleich ab. Dazu hoben sie einfach die Hand, und der Oberbürgermeister zählte die Stimmen. Weil alle Fraktionsmitglieder immer gleich abstimmten, war es so, dass die Fraktion mit den wenigsten Mitgliedern immer überstimmt wurde. Das fand ich nicht so gut.

Die Anträge drehten sich vor allem um Bebauungen und Straßennamen. Es ging darum, ob wir einen S-Bahn-Anschluss zum Flughafen haben wollen, wie die Straßen im Neubaugebiet heißen werden und wo die Parkplätze für die neue Kindertagesstätte hin sollen.

Wenn einer vom Gemeinderat zu einem Antrag etwas sagen wollte, drückte er einen Knopf auf seinem Tisch und der Oberbürgermeister hatte einen Computer und konnte sehen, wer als nächster etwas sagen wollte, und den rief er dann auf. Auf jedem Tisch stand auch ein Mikrofon. Viele Gemeinderatsmitglieder hatten einen Laptop dabei, und alle kramten ganz viel in ihren Unterlagen. Von der Empore aus konnte ich das gut sehen.

Manchmal war ich erstaunt, dass gar nicht alle zugehört haben, wenn einer geredet hat. Die haben sich dann einfach umgedreht und mit einem aus ihrer Partei unterhalten. Manche sind sogar aufgestanden und zu ihrem Kollegen hin gelaufen. Aber dann habe ich mir überlegt, dass die bestimmt irgendwas klären mussten. Zumindest haben sie nicht so gewirkt, als ob sie über Privates geredet hätten.

Leas Opa hat gar nichts gesagt. Aber er ist extra vom Oberbürgermeister für vierzig Jahre im Gemeinderat geehrt worden. Wahnsinn. Vierzig Jahre im Gemeinderat. Das hätte Lea bestimmt gerne mitgekriegt. Weil auch alle dann für ihren Opa geklatscht haben.

Die Sitzung ging insgesamt zweieinhalb Stunden ohne Pause, aber es war überhaupt nicht langweilig. Dann mussten wir Zuschauer gehen, weil der Oberbürgermeister noch etwas nicht Öffentliches mit dem Gemeinderat besprechen wollte. Keine Ahnung, wie lange das noch ging.

Maike, 12 Jahre

### Wer berücksichtigt die Interessen der Kinder?

In der Kommunalpolitik ist es wie in der Bundespolitik: Die Erwachsenen bestimmen, was für die Kinder richtig ist. Im Gemeinderat sitzen lauter Erwachsene und beraten zum Beispiel darüber, wo ein neuer Spielplatz gebaut werden soll. Und die Kinder können dann nur hoffen, dass den Erwachsenen ein guter Platz einfällt und sie die richtigen Spielgeräte kaufen.

Gerade in der Kommunalpolitik, also bei allem, was die einzelnen Städte entscheiden können, geht es oft um Angelegenheiten, die vor allem die Kinder betreffen. Immerhin ist die Stadt für Kinderbetreuungseinrichtungen, für Schulen und Spielplätze, für Radwege und Skateranlagen zuständig. Und inzwischen ist es fast allen Bürgermeistern und Gemeinderäten klar, dass es absolut wichtig ist, die Kinder bei den Entscheidungen, die sie betreffen, mit einzubeziehen.

Es ist deshalb wichtig, damit die richtigen Entscheidungen für die Kinder getroffen werden. Außerdem ist es wichtig, damit die Kinder sich ernst genommen fühlen und lernen, ihre Meinung zu sagen und sie auch vor Fremden zu vertreten. So werden sie schon früh in die demokratischen Prozesse eingebunden. In manchen Städten gibt es dafür jetzt Kinderparlamente.

### Was ist ein Kinderparlament?

Ein Kinderparlament ist eine Versammlung von Kindern, die als Abgeordnete hinein gewählt worden sind. Meistens können Kinder ab der 3. Klasse ins Parlament gewählt werden. Im Kinderparlament beraten die Kinder über die Angelegenheiten in der Stadt, die sie betreffen, und der Bürgermeister hört sich an, was ihre Beratungen ergeben haben. Sicher wird er die Meinung der Kinderabgeordneten dann auch berücksichtigen, aber entschieden werden die Angelegenheiten nach wie vor von ihm und vom Gemeinderat.

### Wann kommen endlich die Kinder an die Macht?

Oh je. Darum geht es eigentlich gar nicht bei den Kinderparlamenten. Es geht auch nicht darum, alle Rechte der Erwachsenen auf die Kinder zu übertragen. Aber es ist schon viel gewonnen, wenn die Kinder mit den Erwachsenen gemeinsam an den Themen arbeiten können, die sie betreffen.

**Wer vertritt die Jugendlichen?**

Die Jugendlichen sind zwar meistens auch im Kinderparlament vertreten, wenn es eines gibt. Viel häufiger als ein Kinderparlament gibt es aber einen Jugendgemeinderat.

In der Baden-Württembergischen Gemeindeordnung, die festlegt, wie die Gemeinden sich organisieren sollen, heißt es:

„Die Gemeinde kann Jugendliche bei Planungen und Vorhaben, die ihre Interessen berühren, in angemessener Weise beteiligen. Sie kann einen Jugendgemeinderat oder eine andere Jugendvertretung einrichten."

Der Jugendgemeinderat vertritt die Interessen der Jugendlichen in der Stadt gegenüber dem Bürgermeister, dem Gemeinderat und der Stadtverwaltung. Aber der Gemeinderat legt fest, was der Jugendgemeinderat wirklich darf. In der Regel darf er nur mitreden aber nicht direkt mitentscheiden, wenn Beschlüsse gefasst werden.

Wie der Gemeinderat tritt auch der Jugendgemeinderat regelmäßig zu Sitzungen zusammen, bei denen der Bürgermeister den Vorsitz hat. Seine Mitglieder erhalten auch kein Geld für ihre Arbeit.

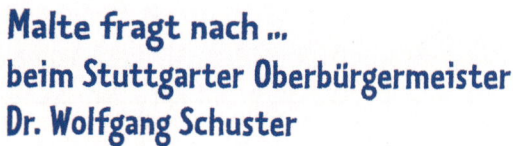

## Malte fragt nach ...
### beim Stuttgarter Oberbürgermeister Dr. Wolfgang Schuster

**⊘ Als Bürgermeister vertreten Sie auch Kinder und Jugendliche. Stuttgart soll besonders kinderfreundlich werden. Woher wissen Sie, was Kinder mögen?**

Ich habe selbst drei Kinder, und schließlich war ich selbst einmal ein Kind und habe daher etwas Erfahrung. Natürlich ist es nicht einfach zu bestimmen, was für alle richtig ist, da jedes Kind ganz andere Wünsche und Träume hat. Aber zusammen mit meinem Team versuchen wir unser Bestes für die Kinder unserer Stadt zu geben.

Besonders hilfreich sind dabei persönliche Begegnungen und Gespräche mit Kindern und Eltern in meiner Nachbarschaft, bei Kinderfesten und Kinderforen, bei denen die Kinder Wünsche für ihren Stadtteil äußern können.

**⊘ Wieso interessiert Sie Politik? Wollten Sie früher nicht lieber Archäologe oder Astronaut werden?**

Als kleiner Junge fand ich viele Berufe toll, und ich habe mir oft vorgestellt, wie es wohl ist, als Polizist auf Verbrecherjagd zu gehen, als Feuerwehrmann Feuer zu löschen oder als Astronaut im Weltall zu schweben. Aber irgendwann merkte ich, dass mich vor allem die Politik interessieren würde, so wie jeder Erwachsene irgendwann merkt, was sein Traumberuf ist.
Ich finde es schön, dass ich mich in meinem Beruf dafür einsetzen kann, das Leben meiner Mitmenschen zu gestalten und zu verbessern. Dies ist bis heute ein wichtiger Ansporn für mich.

**Hat man als Politiker eigentlich „Krawattenpflicht" oder dürfen Sie auch mal im T-Shirt arbeiten?**

Es stimmt schon: Wenn man einen Politiker in den Nachrichten oder bei einer Rede sieht, dann trägt er meistens zum dunklen

Anzug auch eine Krawatte. Natürlich muss er das nicht, aber ein Politiker zeigt dadurch einfach, dass er seine Arbeit ernst nimmt und es für ihn nicht nur Freizeit und Hobby ist.

Ich selbst trage gern Krawatten, weil es so viele Farben und Muster gibt. Aber in meiner Freizeit freue ich mich, wenn ich nur einen Pullover oder ein T-Shirt anziehen kann.

## Politiker müssen zu vielen Besprechungen und anschließend in Kameras lächeln. Macht Ihnen Ihre Arbeit Spaß?

Ich arbeite bereits seit vielen Jahren mit Freude und Begeisterung als Bürgermeister und Oberbürgermeister. Diese Aufgabe erfolgreich wahrzunehmen wäre gar nicht möglich, wenn sie mir nicht Freude machen würde.

Natürlich hat ein Kommunalpolitiker noch einiges mehr zu tun, als nur zu Besprechungen zu gehen und in die Kameras zu lächeln. Zum Beispiel treffe ich viele interessante Menschen in unserer Stadt, die unterschiedliche Berufe haben, mit ihnen diskutiere ich gerne und kann auch viel von ihnen lernen.

Außerdem plant und entwickelt ein Politiker zusammen mit vielen Bürgerinnen und Bürgern und Experten wichtige Projekte. Wenn die dann erfolgreich sind, freut man sich natürlich ganz besonders, und dann lächelt man auch gerne.

## Fahren Sie auch mal mit der U-Bahn oder haben Sie einen Chauffeur?

Ich bin sehr viel unterwegs und muss oft sehr schnell zu vielen Terminen. Wenn ich dann einmal die U-Bahn verpassen würde, könnte ich ganz schön Probleme bekommen. Außerdem kann ich während der Fahrt noch im Auto weiterarbeiten und mich auf die Treffen vorbereiten.

Deshalb habe ich einen Chauffeur, der mich immer sicher zu meinen Terminen bringt. Im Übrigen laufe ich in der Innenstadt von Stuttgart gern zu Fuß, z. B. vom Rathaus in den Landtag oder zu den Ministerien.

## ⊙ Treffen Sie politische Entscheidungen, die gut sind für Kinder? Welche sind das zum Beispiel?

Wir haben uns in Stuttgart schon vor vielen Jahren vorgenommen, die kinderfreundlichste Großstadt in Deutschland zu werden. Ich habe ein dickes Arbeitsprogramm dafür entwickelt, um das Leben für die Kinder in unserer Stadt zu verbessern.

Das beginnt mit dem Ausbau der Kindertagesstätten, Spielplätze, Bolzplätze, Sportplätze, dazu gehören auch der Ausbau von Schulen, Bibliotheken, Jugendhäusern und vieles mehr.

Und ich habe eine Kinderbeauftragte in mein Amt berufen, die sich darum kümmert, dass Kinder und Familien in der Stadt ernst und wichtig genommen werden. Wir wollen wissen, was sie sagen und sich wünschen. Für sie ist es wichtig, dass sie neben ihrer Muttersprache die deutsche Sprache beherrschen. Diese sollen sie nicht erst in der Schule lernen, sondern schon im Kindergarten.

## Möchten Sie einmal Bundeskanzler werden oder können Sie sich vorstellen, irgendwo König zu sein?

Als König hätte ich vielleicht eine goldene Krone, ein Schloss und viele Diener, aber trotzdem will ich nicht König sein, weil ich wie alle anderen ein Bürger bin, der gerne frei seine Regierung wählen will. Als König wird man nicht gewählt, sondern wegen seiner Eltern als Thronfolger geboren. Ich bin von den Bürgerinnen und Bürgern direkt gewählt und ihnen auch persönlich verantwortlich.

Mit meinem jetzigen Beruf als Oberbürgermeister bin ich so zufrieden, dass ich mir gar keinen anderen vorstellen kann, und deshalb möchte ich weder Bundeskanzler noch König werden.

# 7. Wer lebt in Deutschland, und warum verlassen viele Menschen ihre Heimat und kommen zu uns?

Wann man ein Deutscher ist und wie man Deutscher wird, warum Ausländer zu uns kommen und wie wir gut miteinander leben können

In Deutschland leben 82 Millionen Menschen. Sieben Millionen davon sind Ausländer. Darunter versteht man Menschen, die nicht die deutsche Staatsbürgerschaft besitzen. Dann gibt es noch 1,5 Millionen eingebürgerte Ausländer, die als Bürger eines anderen Landes geboren sind, aber inzwischen die deutsche Staatsbürgerschaft haben.

Eine besondere Gruppe sind die 4,5 Millionen Aussiedler. Ihre Vorfahren waren Deutsche, die vor 250 Jahren nach Russland oder Polen ausgewandert sind. Wenn sie nach Deutschland ziehen, erhalten sie gleich die deutsche Staatsbürgerschaft.

## Wozu ist die deutsche Staatsbürgerschaft überhaupt wichtig?

Wenn du die Staatsbürgerschaft eines Landes besitzt, bedeutet das, dass dir dadurch alle Rechte zustehen, die die Bürger dieses Landes haben, dass du aber auch die Pflichten übernimmst, die damit verbunden sind.

In Deutschland ist die Wehrpflicht eine staatsbürgerliche Pflicht. Das bedeutet, dass alle männlichen Deutschen, wenn sie erwachsen sind, eine Ausbildung bei der Bundeswehr machen müssen. Wer sich aus Gewissensgründen nicht zum Soldaten ausbilden lassen will, muss stattdessen Zivildienst leisten. Eine andere staatsbürgerliche Pflicht, zu der du gerufen werden kannst, wenn du erwachsen bist, ist die Aufgabe, bei der Durchführung von Wahlen zu helfen.

Das Wahlrecht gehört bei uns allerdings nicht zu den Pflichten, sondern zu den Rechten. Wenn du erwachsen bist, hast du als deutscher Staatsbürger das Recht, an allen Wahlen teilzunehmen. Darüber hinaus kannst du dich selbst zur Wahl aufstellen lassen. Außerdem stehst du unter dem Schutz des deutschen Staates, wenn du Probleme in einem anderen Land hast. Und du hast als deutscher Staatsbürger grundsätzlich das Recht, hier zu leben und die Arbeit anzunehmen, die du möchtest.

## Wer bekommt die deutsche Staatsbürgerschaft?

Die deutsche Staatsbürgerschaft bekommt ein Kind ganz automatisch bei seiner Geburt, wenn seine Mutter oder sein Vater Deutsche sind oder wenn seine Eltern Ausländer sind, die schon seit acht Jahren in Deutschland leben. Die Kinder ausländischer Eltern sind dann gleichzeitig Staatsbürger von dem Land, zu dem ihre Eltern gehören. Wenn sie erwachsen sind, müssen sie sich aber für eine Staatsbürgerschaft entscheiden. Einzig Kinder, bei denen nur ein Elternteil Ausländer ist, dürfen für immer beide Staatsangehörigkeiten behalten.

Menschen, die aus anderen Ländern nach Deutschland einwandern, können nur dann eingebürgert werden, wenn sie ihre bisherige Staatsbürgerschaft aufgeben. Außerdem müssen sie in der Regel schon seit acht Jahren in Deutschland leben und hier arbeiten. Wenn sie einen deutschen Ehepartner haben, geht es allerdings schneller.

Jeder, der die deutsche Staatsbürgerschaft erhalten möchte, muss sich zur freiheitlich-demokratischen Grundordnung der Bundesrepublik Deutschland bekennen. Das bedeutet, er muss die Menschenrechte achten, die Gesetze einhalten, und er darf nichts unternehmen, was die Demokratie gefährden könnte. Er muss außerdem entweder einen deutschen Schulabschluss haben oder einen Einbürgerungstest bestehen.

## Bestehst du den Einbürgerungstest?

In dem Test werden 33 Fragen gestellt, die sich um die Gesetze in Deutschland drehen und darum, welches politische System hier herrscht und wie die Menschen hier leben. 17 Fragen davon müssen richtig beantwortet werden. Die Fragen können zum Beispiel lauten, was unter dem Begriff „Rechtsstaat" verstanden wird, oder wie es heißt, wenn zwei Parteien gemeinsam regieren oder ob eine Partei die Pressefreiheit abschaffen kann. Damit der Test nicht zu schwer wird, werden immer vier Antworten vorgegeben, von denen die richtige angekreuzt werden muss. Nachdem du dieses Buch hier gelesen hast, könntest du bestimmt viele Fragen richtig beantworten.

## Dürfen Ausländer überhaupt nicht wählen?

Wer als Ausländer in Deutschland arbeitet, zahlt Steuern an den deutschen Staat, genauso wie die deutschen Arbeitnehmer. Normalerweise entscheiden die Politiker, wie die Steuergelder eingesetzt werden, wie viel davon zum Beispiel in die Schulen fließt oder wie viel für den Straßenbau ausgegeben werden darf.

Jeder Wahlberechtigte kann durch die Wahl mitentscheiden, welche Politiker ihn im Parlament vertreten sollen. Dadurch kann er mitbestimmen, wie die Steuergelder verwendet werden. Durch die Bundestagswahl, die Landtagswahl und die Kommunalwahl kann er in seiner Stadt, in seinem Bundesland und im ganzen deutschen Staat auf diese Weise Einfluss nehmen.

Ausländer können das nicht. Eine Ausnahme gibt es nur für die Menschen, die aus einem Land der Europäischen Union zugewandert sind. Sie dürfen bei den Kommunalwahlen mitwählen. Inzwischen wird aber in vielen Bundesländern darüber nachgedacht, auch die anderen Ausländer, wenn sie schon länger in der Stadt leben, an den Gemeinderatswahlen zu beteiligen. Denn erst, wenn man mitbestimmen kann und weiß, dass die eigene Meinung für die Gemeinschaft auch wichtig ist, fühlt man sich in einem Land richtig aufgenommen.

Aber Ausländer dürfen natürlich in dem Land wählen, in dem sie die Staatsbürgerschaft haben. Nur hilft ihnen das nicht viel, wenn sie hier wohnen und das Leben hier mitgestalten wollen.

## Was ist die Europäische Union?

Die Europäische Union (EU) besteht aus 27 europäischen Staaten, die politisch und wirtschaftlich eng zusammenarbeiten. Zur Zeit haben wir in 16 Mitgliedsstaaten der Europäischen Union dieselbe Währung, den Euro. Der Europäischen Union können nur die europäischen Länder beitreten, die sich hundertprozentig zu den Grundwerten Freiheit, Demokratie, Rechtsstaatlichkeit, Achtung der Menschenrechte und Achtung der bürgerlichen Grundfreiheiten bekennen. Die EU greift immer stärker in das politische Geschehen der Mitgliedstaaten ein, deshalb wird sie in Zukunft eine immer wichtigere Rolle spielen. Das sehen nicht alle Mitgliedsstaaten gerne.

## Wie können Ausländer ihre Interessen vertreten?

In vielen Städten gibt es Ausländerräte, die die Gemeinden in allen Fragen beraten, die Ausländer betreffen. Sie werden von den ausländischen Bürgern gewählt. In Berlin gibt es den Bundesausländerbeirat, der mit der Bundesregierung zusammenarbeitet. Außerdem sind viele Ausländer in Verbänden zusammengeschlossen, die sich zu wichtigen Themen in Deutschland äußern und politisch mitarbeiten.

## Warum kommen viele Menschen aus anderen Ländern zu uns?

Es gibt sehr viele Gründe, warum Menschen ihr Heimatland verlassen und in Deutschland leben möchten. Denk an die Ausländer, die du kennst, die in deine Klasse gehen oder mit denen du zu tun hast, weil sie Ärzte sind oder Verkäufer, Erzieher oder Lehrer oder Kollegen deiner Eltern. Sie kommen aus ganz unterschiedlichen Ländern und aus ganz verschiedenen Familien, und jeder hatte seine eigenen Gründe dafür, aus seiner Heimat wegzuziehen.

Warum soll ich immer das machen, was ich kenne? – Das fragen sich sicher viele, wenn sie die Schule hinter sich haben, und viele sind dann einfach neugierig auf das Leben in einem anderen Land. Sie kommen zu uns, um zu studieren, um eine Zeitlang hier zu arbeiten oder einfach nur, um die Sprache besser zu lernen. Meistens sind das junge Menschen, die nicht vorhaben, ihr Leben lang hierzubleiben. Aber manchmal verlieben sie sich oder sie finden hier eine interessante Arbeit und bleiben dann doch für immer. Sie gründen eine Familie und ihre Kinder wachsen hier auf.

### Aus welchen Ländern kommen die Ausländer, die hier leben?

In Deutschland leben Menschen aus allen Ländern der Welt – Menschen aus Afrika und Asien, aus Australien, aus Amerika und natürlich aus den anderen europäischen Ländern. Die meisten Menschen, die zugewandert sind, kommen aus der Türkei und aus Italien.

### Wo können Menschen sorgenfreier leben?

Viele haben sehr wichtige Gründe, ihr Heimatland zu verlassen. Sie gehen nicht aus Abenteuerlust, sondern um besser leben zu können. Vielleicht finden sie einfach keine Arbeit mehr, womöglich müssen sie sogar Hunger leiden und können sich, falls sie krank werden, keinen Arzt leisten. Möglicherweise können ihre Kinder nicht einmal zur Schule gehen und haben so auch keine Möglichkeit, später bessere Chancen zu haben als ihre Eltern.

Die Zuwanderer aus den armen Ländern kommen zu uns, weil Deutschland zu den reichen Nationen gehört, in denen es genug Arbeitsmöglichkeiten gibt, in denen die Kinder eine gute Ausbildung erhalten können und in denen die Gemeinschaft auch für die sorgen kann, die alt oder krank sind. Die Menschen, die aus wirtschaftlichen Gründen nach Deutschland kommen, wollen hier arbeiten und für sich und ihre Kinder bessere Lebensbedingungen finden.

### Wo können Menschen überleben?

Für manche Menschen ist es lebensnotwendig, ihr Heimatland zu verlassen. Sie müssen fliehen, weil ihr Leben in Gefahr ist. Etwa wenn sie in Ländern leben, in denen Krieg herrscht. In anderen Ländern regieren Diktatoren, die alle, die eine eigene Meinung haben, gefangen nehmen oder sogar töten lassen. Den Gegnern der Regierung bleibt gar keine andere Möglichkeit, ihr Leben zu retten, als aus dem Land zu fliehen.

In einigen Ländern werden bestimmte Gruppen verfolgt, einfach, weil sie eine andere Religion haben oder eine andere Hautfarbe. Sie suchen Zuflucht in demokratischen Ländern, in denen die Menschenrechte gelten. Immer mehr fliehen aber auch aus ganz anderen Gründen aus ihrer Heimat. Umweltkatastrophen, die oft durch die Klimaveränderung verursacht werden, machen es ihnen unmöglich, weiterhin in ihrem Land zu bleiben.

### Darf jeder bei uns leben, der das möchte?

Wer in Deutschland als Ausländer leben kann, hängt davon ab, aus welchem Land er kommt und warum er zu uns gekommen ist. Die Einwohner der Länder, die zur Europäischen Union gehören, dürfen in Deutschland ohne Einschränkungen leben und arbeiten.

Zuwanderer aus anderen Ländern dürfen meistens erst einmal nur für eine begrenzte Zeit hier leben und müssen eine Arbeitserlaubnis beantragen. Erst wenn sie hier längere Zeit gewohnt und eine Arbeit gefunden haben, bekommen sie eine Niederlassungserlaubnis, mit der sie auf unbegrenzte Zeit in Deutschland leben können.

Eine andere Regelung gilt für diejenigen, die als politische Flüchtlinge zu uns kommen. Solange sie in ihrem Land in Gefahr sind, dürfen sie hier leben und arbeiten. Denn im Grundgesetz der Bundesrepublik Deutschland steht, dass politisch Verfolgte bei uns Asylrecht genießen. Das bedeutet, dass sie das Recht haben, hier beschützt zu werden.

Als politisch verfolgt gilt jemand, den die Regierung in seinem Heimatland bestrafen will, weil er einer bestimmten Rasse angehört, wegen seiner Religion, weil er zu einer bestimmten sozialen Gruppe gehört oder wegen seiner politischen Meinung.

Viele, die fliehen, nehmen unglaubliche Gefahren auf sich. Manche versuchen zum Beispiel in kleinen, überfüllten Booten den Atlantik zwischen Afrika und Europa zu überqueren. Oft haben sie all ihr Geld für die Überfahrt ausgegeben. Viele ertrinken bei der

Flucht. Und diejenigen, die es schaffen, in Europa anzukommen, werden meistens wieder in ihre Länder zurückgeschickt, weil sie nicht als politische Flüchtlinge gelten, sondern aus anderen Gründen geflohen sind.

## Was heißt Asyl?

Das griechische Wort „Asylon" bedeutet „Zufluchtsstätte". Früher waren Asyle meist Heiligtümer, in denen sich der Flüchtende vor seinen Verfolgern in Sicherheit bringen konnte. Dort durfte ihn niemand festnehmen oder verletzen.

## Warum schicken wir Menschen, die zu uns kommen, wieder weg?

Jeder Staat hat die Aufgabe, seine Einwohner zu schützen. Nur wenn es ihnen gut geht, kann der Staat richtig funktionieren. Seine Bewohner brauchen Arbeit, um Steuern zahlen zu können. Dieses Geld kann die Regierung dann so verplanen, wie es für die ganze Gemeinschaft am sinnvollsten ist. Wenn es allerdings vielen Einwohnern schlecht geht, wird es schwierig, die Demokratie aufrechtzuerhalten, denn dann gibt es zu viele, die der Regierung nicht mehr vertrauen.

Deshalb versuchen die Regierungen immer nur so viele Zuwanderer aufzunehmen, wie für ihr Land gut ist. Sie wollen vermeiden, dass sehr viele Menschen einwandern, die keine Arbeit finden. Denn dann muss das Land, in das sie eingewandert sind, für sie sorgen, und das kostet Geld. Weil aber inzwischen sehr viele Länder sehr arm sind, gibt es auch immer mehr Menschen, die in ein reicheres Land ziehen möchten.

Wenn du in einem armen Land aufwachsen würdest und du würdest in der Zeitung sehen, wie gut die Kinder hier leben, würdest du dich bestimmt auch hierher sehnen.

## Was ist richtig und was ist falsch?

Die Entscheidung, wer hier bleiben darf und wer nicht, ist sehr schwer zu treffen. Im Asylgesetz steht, dass jeder, der flieht, weil er von der Regierung seines Landes verfolgt wird, hier Aufnahme findet.

Aber was ist mit denen, die fliehen, weil eine Katastrophe ihre Felder zerstört hat und sie Angst haben, verhungern zu müssen? Sind sie nicht auch in Lebensgefahr? Dürfen wir diese Menschen überhaupt wegschicken, wenn wir uns auf die Menschenrechte berufen, die besagen, dass jeder Mensch Anspruch auf eine Lebenshaltung hat, die seine Gesundheit gewährleistet?

Andererseits – würden wir mit den Problemen fertig werden, die entstehen würden, wenn wirklich alle Menschen, die hier leben möchten, auch hierher kommen könnten – oder würde unsere Demokratie daran zerbrechen?

## Was bedeutet fremd?

Schon vor zwei Millionen Jahren wanderten Menschen aus ihren Heimatländern aus und in andere Länder ein. Später gab es ganze Völkerwanderungen.

Erst vor 150 Jahren verließen vier Millionen Deutsche ihr Land und wanderten nach Amerika aus, weil sie hierzulande keine Arbeit mehr fanden. Und schon immer sind auch Menschen nach Deutschland eingewandert. Alle, die gekommen und geblieben sind, haben unser Land ein bisschen bunter gemacht, abwechslungsreicher und spannender.

In deiner Klasse sind bestimmt auch einige Kinder, deren Eltern aus einem anderen Land kommen. Vielleicht feiern sie andere Feste als ihr, oder sie unterhalten sich untereinander in einer anderen Sprache. Sie kennen Lieder, die ihr noch nie gehört habt, und sie haben Lieblingsessen, die hier überhaupt nicht bekannt sind. Manches von dem, was sie erzählen, ist euch sehr fremd. Aber trotzdem käme keiner auf die Idee, dass irgendetwas an ihnen bedrohlich sein könnte.

Dennoch gibt es Erwachsene, die es beunruhigt, dass viele Ausländer hier leben. Sie haben Angst um ihre Arbeitsplätze oder davor, dass ihnen ihr eigenes Land fremd werden könnte. Oft haben sie überhaupt nicht viel mit Ausländern zu tun und denken, dass Ausländer gefährlich sind. Aber wenn man Angst vor Fremden hat, hilft nur eines: Man muss sie kennenlernen. Dann erledigen sich viele Missverständnisse und Vorurteile von allein. Denn tatsächlich braucht unsere Gesellschaft die Zuwanderer, um lebendig zu bleiben.

**Wie können Deutsche und Ausländer gut zusammen leben?**

Die Menschen, die hier schon lange leben, und die Menschen, die zugewandert sind, haben eine große gemeinsame Aufgabe: Sie müssen aufeinander zugehen, sich mit Achtung und Freundlichkeit begegnen und miteinander reden. Menschen in eine Gruppe aufzunehmen, zu der sie bisher nicht gehört haben, nennt man Integration.

Damit Deutsche und Ausländer gut miteinander leben können, ist es wichtig, die Zugewanderten in die Gesellschaft zu integrieren. Das fängt bei den ganz alltäglichen Situationen an: im Kindergarten, in der Schule, in der Arbeit. Nur wenn Ausländer zu Mitbürgern werden, können wir alle gemeinsam daran arbeiten, dass wir in einem Land leben, in dem es allen gut geht.

## Malte fragt nach ...
bei der TV-Moderatorin
Nina Moghaddam

**⊘ Du bist in Madrid geboren und hast familiäre Wurzeln im Iran, beides sind interessante Länder. Warum lebst du gerne in Deutschland?**

Deutschland ist für mich meine Heimat. Ich bin hier groß geworden, zur Schule gegangen, und ein Teil meiner Familie und meine ganzen Freunde leben in Deutschland. Ich war schon in China, Amerika, Australien und natürlich im Iran, und ich finde, dass Deutschland ein unglaublich schönes Land mit tollen Menschen ist.

Durch meine Reisen habe ich gelernt, es zu schätzen, in einem demokratischen Land zu leben, in dem ich mitentscheiden kann, wer es regieren soll, und dass ich meine Meinung zu allen Themen frei aussprechen kann, ohne mit Strafen rechnen zu müssen.

**⊘ Haben es Ausländer bei uns schwerer als anderswo?**

Das ist eine schwierige Frage. Um sie beantworten zu können, müsste ich genau wissen, wie das Leben für Ausländer in anderen Ländern ist. Ich glaube, dass es allgemein schwer ist, in ein neues Land zu kommen und dort zu leben. Man kennt kaum jemanden, spricht die Sprache nicht oder nicht so gut, fühlt sich in diesem fremden Land einsam und muss praktisch bei Null anfangen, sich ein neues Leben aufzubauen, mit neuen Freunden, einer Arbeit und einer neuen und anderen Kultur.

**⊘ Wurdest du schon mal blöd angemacht wegen deines exotischen Aussehens, oder hast du Angst davor?**

Ich war und bin natürlich immer irgendwie „anders", schließlich sehe ich nicht aus wie eine Deutsche, und mein Nachname klingt auch nicht deutsch. Es gab ein paar mal einige doofe Äußerungen, z. B. in der achten Klasse, als ein Mitschüler zu mir gesagt hat: „Ey, Nina, geh wieder zurück in dein Land, wir brauchen hier keine Ausländer!" Das hat mich schon verletzt, weil ich dachte: In mein Land? Ich bin doch in meinem Land!

**⟳ Träumst du auf Deutsch oder Persisch? Und in welcher Sprache schimpfst du?**

Das ist eine lustige Frage! Bei mir ist das so: Normalerweise träume ich auf Deutsch, weil ich ja im Alltag meistens Deutsch spreche. Aber wenn ich im Iran bin, dann träume ich auf Farsi (Persisch), und wenn ich Urlaub in England mache, dann träume ich auf Englisch, und wenn ich in Spanien bin …
Also, ihr seht, ich passe meine Traumsprache immer dem Land an, in dem ich gerade bin. Ich schimpfe gerne auf Deutsch, aber wenn ich dann auf Deutsch alles gesagt habe, wechsele ich zu Farsi. Und ganz ehrlich: Auf Farsi lässt es sich besonders gut schimpfen, weil sich das alles böse anhört, aber gar nicht so böse ist.

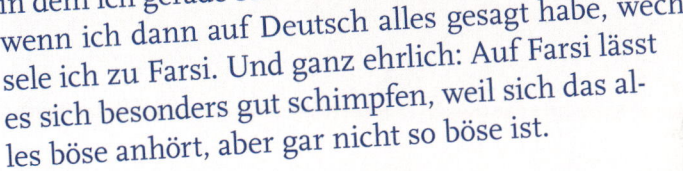

**⟳ Was kann man gegen Fremdenfeindlichkeit tun?**

Die wichtigste Regel ist: Nicht wegschauen und nicht weghören! Es ist wichtig, dass jeder von uns etwas gegen Fremdenfeindlichkeit tut. Das heißt, Vorurteilen keine Chance geben, und wenn man eine Situation mitbekommt, in der jemand Fremdenfeindlich ist, entweder selbst dazwischen gehen oder Hilfe von Erwachsenen holen.

# 8. Wir machen etwas aus unserem Zusammenleben!

Warum Mitbestimmen glücklich macht und Streiten wichtig ist, warum schon Babys mitbestimmen und Mut dazu gehört

Wissenschaftler der amerikanischen University of Michigan haben in einer Untersuchung 350 000 Menschen aus 97 Nationen danach gefragt, ob sie glücklich und zufrieden sind. Dabei haben sie etwas Erstaunliches erfahren: Nicht etwa diejenigen waren die glücklichsten, die aus einem reichen Land kamen, sondern die, die in einer Demokratie lebten. Natürlich war es auch wichtig, genug Geld zu haben, aber insgesamt waren die Gesellschaften am glücklichsten, die eine demokratische Regierungsform hatten und in ihrem Land mitbestimmen konnten.

Mitbestimmen macht also glücklich. Denn man kann seine eigenen Wünsche und Interessen vertreten, man fühlt sich wichtig, und man weiß, dass man viele Dinge nicht einfach hinnehmen muss, sondern dass man sie verändern kann, wenn man möchte.

## Mitbestimmen ist Arbeit

Um mitbestimmen zu können, musst du aber bestimmte Regeln beherrschen, und du musst bestimmte Bedingungen erfüllen. Zunächst musst du zu einer eigenen Meinung kommen. Das ist nicht immer einfach. Wenn es zum Beispiel darum geht, ein bestimmtes Problem zu lösen, musst du dich darüber vorher gut informieren. Damit du nicht einfach nur nachredest, was ein anderer gesagt hat, sondern für dich überlegen kannst, welches deine eigene Position dazu ist.

### Demokratie ist ...

„Die Demokratie ist unser wertvollstes Gut. Sie zu erhalten, ist Aufgabe und Verpflichtung zugleich. Das bedeutet ein ständiges, entschiedenes, selbstbewusstes Auseinandersetzen, Anstrengung und Mühen um Kompromisse und dauerhaften Konsens. Dies sind Grundbedingungen der einzigen politischen Ordnung, die Freiheit garantieren kann."
(Wolfgang Thierse, Vizepräsident des Deutschen Bundestages)

## Wer mitbestimmen will, muss mitdenken

Angenommen, deine Klasse soll Vorschläge machen, welches Projekt sie an den Projekttagen in der Schule durchführen will. Um mitreden zu können, musst du dir erst mal Gedanken darüber machen, was dich eigentlich interessiert. Wenn du am liebsten mit allen zusammen eine Big Band auf die Beine stellen würdest, kannst du dir überlegen, wie das organisiert werden könnte und für deinen Vorschlag werben.

Ein anderer will vielleicht lieber das Klassenzimmer verschönern, und du musst es aushalten, dass er seinen Vorschlag genauso machen darf wie du. Und wenn ihr danach bei euren unterschiedlichen Meinungen bleibt, weil keiner den anderen von seinem Vorschlag überzeugen konnte, musst du mit daran arbeiten, dass ihr einen Kompromiss findet, also eine Lösung, mit der alle zufrieden sein können. Das kann richtig viel Arbeit sein.

## Streiten ist wichtig!

Streit ist ja erst einmal nichts, was man haben möchte. Kinder lernen immer und überall, dass sie sich nicht streiten dürfen. Als du klein warst, hast du gelernt, dass du deinem Freund kein Spielzeug wegnehmen darfst, dass du ihn nicht schlagen darfst und dass es auch nicht in Ordnung ist, ihm Schimpfwörter an den Kopf zu werfen. Das ist schon alles richtig. Aber es gibt eine Art zu streiten, die wichtig ist für unsere demokratische Gesellschaft.

Denn für die meisten Probleme, die in einem Staat, in einer Familie oder zwischen Freunden auftauchen, gibt es nicht immer nur eine Lösung. Meistens gibt es viele verschiedene Möglichkeiten, ein Problem anzugehen.

Um auf die beste Lösung zu kommen, ist es deshalb oft nötig, miteinander zu streiten. Ein Streit ist nicht schlecht, sondern in einer Gesellschaft, in der viele Menschen mit unterschiedlichen Interessen leben, etwas ganz Normales. Schlecht wird ein Streit nur, wenn er unfair ausgetragen wird. Dann führt er zu keinen guten Ergebnissen, sondern erreicht nur, dass Menschen mit unterschiedlichen Standpunkten zu Feinden werden.

## Demokratie lebt ...

„Demokratie lebt vom Streit, von der Diskussion um den richtigen Weg. Deshalb gehört zu ihr der Respekt vor der Meinung des anderen."
(Richard von Weizsäcker; Bundespräsident von 1984 bis 1994)

## Wir brauchen eine Streitkultur

Leider haben viele nicht richtig gelernt zu streiten. Vielleicht, weil ihre Eltern es ihnen immer verboten haben. Manche sagen einfach gar nichts, wenn es darum geht, ein Problem zu lösen. Wenn sie mit den Vorschlägen der anderen nicht einverstanden sind, ziehen sie sich zurück und machen nicht mehr mit.

Oder sie versuchen lieber heimlich irgendetwas zu ändern oder machen die Leute schlecht, die eine eigene Meinung vertreten.

Andere fangen an zu brüllen, wenn sie in Streit geraten, weil sie es nicht gewöhnt sind, ihre Ansicht ganz normal zu vertreten. Und wieder andere schlagen lieber zu, bevor sie sich auf eine Diskussion mit ihrem Gegenüber einlassen.

Aber eine demokratische Gesellschaft ist darauf angewiesen, dass alle mitmachen und dass sich alle bemühen, ihre Meinung zu sagen und die Meinung der anderen gelten zu lassen. Wenn sich zu viele zurückziehen und sich zum Beispiel nicht an den Wahlen beteiligen, wackelt der Staat.

Du kannst dir das richtig bildlich vorstellen: Wenn unsere Regierung darauf beruht, dass sie von vielen Menschen gewählt wurde, dass sie also auf viele Menschen bauen kann, dann kommt sie ins Wanken, wenn sie sich plötzlich nur noch auf ganz wenige Wählerstimmen verlassen kann.

Damit der Streit, der in einer Demokratie nötig ist, nicht in einen Kampf ausartet, müssen wir richtig streiten lernen. Dafür gibt es sogar einen extra Begriff: die konstruktive Streitkultur. Das bedeutet, dass man sich bei Meinungsverschiedenheiten an bestimmte Regeln hält: Man beleidigt den anderen nicht, man schlägt ihn nicht, man brüllt ihn nicht an. Die Meinung des anderen ist genauso viel wert wie die eigene. Jeder darf ausreden. Es geht nicht darum, den anderen unbedingt von der eigenen Meinung zu überzeugen, sondern zu einem Ergebnis zu kommen, das beide zufriedenstellt.

## Demokratie heißt ...

„Demokratie heißt nicht „Ich bin so gut wie du", sondern „Du bist so gut wie ich".
(Theodore Parker, amerikanischer Theologe und Schriftsteller)

## Demokratie für Anfänger

Sobald ein Kind auf die Welt kommt, fängt es an zu lernen. Manches lernt es von ganz alleine, aber sehr vieles bringen ihm auch die Eltern bei. Ein demokratisches Bewusstsein zu haben, ist erst einmal nichts, mit dem du geboren wirst.

Es ist sicher auch sehr schwierig, das ganz alleine zu lernen. Du brauchst andere, die dich dazu ermutigen, dir eine eigene Meinung zu bilden und die dir zeigen, wie du sie richtig vertreten kannst und wie du mit denjenigen zu einer Lösung kommen kannst, die anderer Meinung sind als du.

### Schon Babys bestimmen mit ...

Familien sind eigentlich nicht demokratisch. Du hast deine Eltern nicht aus einer Gruppe möglicher Kandidaten gewählt, und du kannst dir auch keine neuen wählen, wenn dir die alten nicht mehr passen.

Deine Wahlmöglichkeiten sind am Anfang überhaupt sehr beschränkt. Denn deine Eltern ziehen dich so an, wie es ihnen gefällt oder wie sie es praktisch finden. Sie machen mit dir die Ausflüge, auf die sie Lust haben. Du musst essen, was sie für gesund halten.

Aber du kannst von Anfang an lautstark protestieren, wenn du mit etwas nicht einverstanden bist. Babys machen das ohne Hemmungen und brüllen los. Das fällt vielleicht nicht unter den Begriff „konstruktive Streitkultur", aber für so kleine Kinder gelten andere Maßstäbe.

Wichtig ist, dass du, sobald du auf der Welt bist, schon genau weißt, was du willst und was nicht. Und dass du das deutlich machen kannst. So bestimmst du von Anfang an mit, auch wenn du noch nicht reden kannst.

### ... aber nicht immer

Natürlich gibt es Bereiche, wo dich deine Eltern noch lange nicht mitbestimmen lassen. An gefährlichen Straßen entscheidest du als kleines Kind nicht selbst, ob du an der Hand gehen willst oder nicht. Du bestimmst auch nicht, ob du einen Fahrradhelm trägst. Und wenn es darum geht, dich vor einer Gefahr zu bewahren, entscheiden deine Eltern so lange für dich, bis sie dich für groß genug halten, dass du für dich selbst sorgen kannst.

### Demokratie für Fortgeschrittene

Je älter du wirst, desto mehr sollten dich deine Eltern mitbestimmen lassen. Nur so kannst du üben und lernen, auf deine eigene Meinung zu vertrauen und herauszufinden, was für dich richtig ist. Abgesehen davon fühlst du dich auch insgesamt besser, wenn du deine Interessen wenigstens teilweise durchsetzen kannst. In manchen

Familien ist es allerdings schwer, sich mit seiner eigenen Meinung Gehör zu verschaffen, weil die Eltern es nicht gewöhnt sind, dass Kinder mitreden wollen, oder weil die größeren Geschwister immer schneller und lauter sind als die kleineren.

## Praktische Demokratie 1

Wenn es in deiner Familie schwer ist, zu Wort zu kommen, hilft es vielleicht, wenn ihr Redestabrunden einführt. Das gab es schon bei den Wikingern. Dazu braucht ihr einen Holzstab oder einen schönen Stein oder etwas anderes, was man gut in der Hand halten kann. Alle, die über ein bestimmtes Thema reden möchten, setzen sich zusammen, und der Stein oder das Holz liegt in der Mitte. Einer fängt an, nimmt den Gegenstand aus der Mitte und sagt seine Meinung zu dem Thema. Dann gibt er den Stab oder Stein an den weiter, der neben ihm sitzt. Reden darf immer nur der, der gerade den Gegenstand hat. So kann keiner dem anderen ins Wort fallen und auch die, die länger brauchen, um zu reden, haben genügend Zeit. Allen wird zugehört.

## Demokratie braucht Übung

Du kannst überall üben, dich demokratisch zu verhalten. Wenn du dich mit deinen Freunden triffst und ihr gemeinsam überlegt, wie ihr den Nachmittag verbringen wollt, könntet ihr es einfach so machen, dass der bestimmt, der die tollsten Klamotten anhat oder der, der in der Schule immer alles weiß, aber das wäre nicht demokratisch.

Demokratisch wäre es, wenn ihr zusammen besprecht, auf was jeder Lust hat, und dann zu einem gemeinsamen Ergebnis kommt. Vielleicht macht ihr dann ja tatsächlich das, was der mit den tollen Klamotten wollte. Aber nicht deshalb, weil er das meiste Geld, sondern weil er gute Gründe hat, mit denen er euch von seinem Vorschlag überzeugt.

## Politik geht dich an

Es ist sehr wichtig, dass du die Spielregeln lernst, nach denen unser demokratisches System funktioniert, denn dann kannst du mitmachen! Politik ist nichts, was nur die Erwachsenen angeht!

Jeden Tag fällen die Politiker Entscheidungen, die dich betreffen, auch wenn du noch ein Kind bist. Sie erlassen Gesetze, die bestimmen, wie viel Steuern deine Eltern zahlen müssen, wie viele Stunden Schule du in der Woche hast und wie viele Jahre du zur Schule gehen sollst. Sie legen fest, wie wir die Umwelt besser schützen können, sie planen für eine Zukunft, in der du groß bist. Wenn sie jetzt falsche Entscheidungen treffen, kannst du das nachher ausbaden.

Natürlich kannst du nicht direkt in die Politik eingreifen, weil du ja noch nicht einmal wählen darfst. Aber du kannst dich über die Zeitung oder das Fernsehen informieren und dir eine eigene Meinung bilden über das, worüber die Politiker entscheiden.

Bei den Beschlüssen, die der Bundestag in Berlin fasst, ist das sicher noch schwierig, weil du dafür oft alle Zusammenhänge kennen musst, aber bei allem, was deine Schule angeht oder oft auch bei dem, was deine Stadt betrifft, kannst du schon gut mitreden.

Inzwischen wird es immer mehr Erwachsenen klar, dass die Kinder und Jugendlichen noch zu wenig Möglichkeiten haben, mit ihren Interessen zu Wort zu kommen. Deshalb gibt es in einigen Städten jetzt Kinderparlamente. In Kapitel 5 steht, wie sie funktionieren. Außerdem findest du in Kapitel 5 auch, wie du in deiner Schule politisch mitarbeiten kannst.

Politik machst du aber auch, wenn du dich einfach mit deinen Freunden zusammen öffentlich für etwas einsetzt, das euch wichtig ist.

## Praktische Demokratie 2

Wenn du dich in deiner Gemeinde für etwas einsetzen willst, zum Beispiel für einen Bolzplatz, kannst du dem Bürgermeister schreiben oder einen Leserbrief an die Zeitung schicken. Die Zeitung druckt den Leserbrief ab, und alle können deine Meinung lesen und überlegen, ob sie das gleiche denken wie du und ob ihr euch vielleicht zusammen dafür starkmachen könnt.

### Die Demokratie braucht mutige Menschen

Um seine Meinung öffentlich zu sagen, braucht man viel Mut. Wahrscheinlich hast du so eine Situation auch schon mal erlebt: Alle schauen auf dich und erwarten, dass du etwas sagst. Zum Beispiel, wenn du ein Gedicht vortragen musst. Du wirst plötzlich rot, oder dir wird heiß, oder du fängst an zu stottern, weil es so schwer ist, etwas vor vielen Menschen zu sagen. Das ist ganz normal, und vielen Erwachsenen geht es genauso. Aber je öfter du in der Öffentlichkeit etwas sagst, desto leichter wird es.

Natürlich brauchst du noch mehr Mut, wenn du nicht irgendetwas Fremdes vortragen musst, das nichts mit dir zu tun hat, sondern deine eigene Meinung. Vor allem, wenn vor dir lauter Menschen sitzen, von denen du weißt, dass sie ganz anders über ein Problem denken als du. Der Mut zur eigenen Meinung ist absolut wichtig für eine Demokratie.

### Viel Mut heißt Zivilcourage

Noch mehr Mut brauchst du womöglich, wenn du deine Meinung nicht nur vor einem Publikum vertreten musst, sondern wenn du richtig handeln musst, weil jemand ungerecht behandelt oder bedroht wird. Diese Art, jemanden immer wieder mit Worten oder womöglich sogar körperlich zu verletzen, nennt man auch Mobbing. Mobbing widerspricht dem Grundrecht jedes Menschen, in seiner Würde geachtet zu werden. Jeder, der demokratisch gesinnt ist, kann ein solches Verhalten nicht zulassen, sondern muss eingreifen.

Zivilcourage zu haben, bedeutet genau das: den Mut, so zu handeln, wie es der eigenen demokratischen Überzeugung entspricht. Das Wort setzt sich aus dem lateinischen Wort „zivil" zusammen, das „bürgerlich" bedeutet und dem französischen Wort „courage", das „Mut" heißt. Zivilcourage ist also der Mut eines Bürgers. Er braucht dafür keine Soldaten und keine Waffen. Nur sich selbst.

Aber natürlich sollst du dich nicht in Gefahr bringen, wenn du dich einmischst. Oft ist es besser, sich Verbündete zu suchen und gemeinsam zu handeln, um jemandem zu helfen, der schlecht behandelt wird.

Die Demokratie braucht mutige Menschen, die gemeinsam handeln, um eine Welt zu schaffen, in der alle gerne leben.

# Was ist TYPISCH DEUTSCH
## oder TYPISCH für DEUTSCHLAND?

**Tanja Mairhofer („KiKa live"):**
Als Österreicherin fühl ich mich in Deutschland pudelwohl. Da ich doch sehr viel rumgekommen bin in der Welt, kann ich mit Fug und Recht behaupten, dass München eine der schönsten Städte der Welt ist. Wenn auch mancherorts der Deutsche etwas raubeinig und spröde rüber kommen mag, so kann man sich aber im Gegenzug sehr gut auf ihn verlassen. Am schönsten find ich an Deutschland die landschaftliche Vielfalt, die unermesslichen Kulturschätze und den Fleiß der Menschen. Kaum ein Land der Welt hat so viele Genies und schlaue Köpfe hervorgebracht wie Deutschland. Das inspiriert. Ich mag's hier.

**Willi Weitzel („Willi wills wissen"):**
Ich bin ja durch meine Dreharbeiten viel unterwegs in der Welt. Zwar bin ich kein Mensch, der schnell Heimweh bekommt, aber eines vermisse ich immer ganz besonders: unser gutes, leckeres, deutsches Brot! Mmmh! Das gibt's nur einmal auf der Welt.

**Karen Markwardt („Karen in Action"):**
Socken in Sandalen, Herrenhandtasche, Handy am Gürtel, Flanieren nach dem Sonntagsessen, Kaffee und Kuchen, Genauigkeit, Pünktlichkeit, Verlangen nach Pünktlichkeit, Autofahrer mit Hut, Anglizismen verwenden...

**Ralph Caspers („Wissen macht Ah!", „Sendung mit der Maus"):**
Traditionsbewusstsein gepaart mit dem Drang neue Wege zu beschreiten, ohne dass dabei das Vergnügen zu kurz kommt. Das ist für mich typisch deutsch. Wie zum Beispiel Bier-Adventskalender! So etwas kann es nur bei uns geben.

**Juri Tetzlaff („trickboxx", „Mitmachmühle"):**
Als erstes denkt man bei Deutschland an Fußball, Bier und Bratwurst. Aber Deutschland ist mehr: Zum Beispiel auch Schiller, Goethe und Gutenberg. Oder BMW, Beckenbauer und Johann Sebastian Bach. Oder Tigerenten, Tote Hosen und Tokio Hotel. Je mehr ich darüber nachdenke, desto mehr fällt mir zu Deutschland ein. Deutschland ist vielseitig und für mich persönlich vor allem eins: meine Heimat! Und das merke ich vor allem daran, dass ich mich immer wieder freue, nach einer langen Reise im Ausland hierher zurückzukommen."

**Stephanie Müller-Spirra („KiKa Kummerkasten"):**

Puh. Grundsätzlich halte ich es nicht gern mit Klischees. Jedoch gebe ich unumwunden zu, dass auch in meinem Kopf ab und zu eine Schublade aufgeht, um Erlebnisse und Erfahrungen bestimmter Art dort zu verorten. Was steckt bloß in der hölzernen Lade mit der Aufschrift „Deutsch"? Da wäre dieses stetig wiederkehrende und allseits verbreitete Klischee über die deutsche Pünktlichkeit. Nun, das ist nun genau das, worauf ich nicht kommen würde. Erstens, weil ich mich selbst nicht unbedingt als sehr pünktlich bezeichnen kann, und zweitens, weil wohl die letzten Fahrten mit der Deutschen Bahn ihr Übriges dazu beigetragen haben. Allerdings führt mich die Deutsche Bahn direkt zu etwas anderem: komplizierte Verfahren (und damit meine ich nicht das Streckennetz an sich), die auf sämtliche deutsche Unternehmen und Behörden zutreffen. Behördenapparate mit ihren Antragsstellungsverfahren und Sachbearbeitungsvorgängen sind für den Normalbürger einfach unverständlich, langsam und verlangen Prozesse, die undurchsichtig und unnötig umständlich erscheinen.

**Kathrina Gast („Tigerenten Club"):**
Typisch deutsch ist für mich zum einen Pünktlichkeit und das Gefühl, dass ich mich auf meine Verabredung verlassen kann. Diese typisch deutsche Eigenschaft finde ich absolut positiv, es gibt nichts Schlimmeres als versetzt zu werden! Aber Sauwetter, deshalb miese Laune haben und die dann an Anderen auslassen, ist für mich auch typisch deutsch... geht gar nicht! „Sonne im Herzen" tragen heißt die Devise.

# Nachwort

Beim Schreiben dieses Buches hatte ich ein großes Problem: Die ganze Zeit ist darin von Menschen die Rede. Um wen sonst soll es beim Thema Demokratie auch gehen, wenn nicht um die Menschen, die Politik machen und für die Politik gemacht wird? Aber es könnte der Eindruck entstehen, dass diese Menschen alle Männer sind. Der Bundeskanzler trifft den Minister, der Richter entscheidet über den Angeklagten, der Wähler bestimmt, welcher Abgeordnete in den Bundestag einzieht. Wo bleiben die Frauen? Um es richtig zu machen, hätte ich jeden dieser Sätze so schreiben müssen: „Die Bundeskanzlerin oder der Bundeskanzler trifft die Ministerin oder den Minister, die Richterin oder der Richter entscheidet über die Angeklagte oder den Angeklagten, die Wählerin oder der Wähler bestimmt, welche Abgeordnete oder welcher Abgeordnete in den Bundestag einzieht." Abgesehen davon, dass man beim Lesen immer ins Stolpern gerät, wäre es unendlich kompliziert geworden. Nimm mal den Satz „Der Minister, der im Kabinett auf seine Kollegen trifft, stellt sich danach einem Pressevertreter, der über die Sitzung berichtet". Richtig müsste es heißen: „Die Ministerin oder der Minister, die oder der im Kabinett auf seine Kolleginnen und Kollegen trifft, stellt sich danach einer Pressevertreterin oder einem Pressevertreter, die oder der über die Sitzung berichtet". Das kann man kaum noch verstehen. Deshalb habe ich auf die weiblichen Endungen verzichtet, aber nur sehr ungern. Denn eines ist mir ganz deutlich aufgefallen: Noch immer sind viel mehr Männer unter den Bestimmern als Frauen, auch wenn wir jetzt gerade eine Bundeskanzlerin haben. Deshalb an alle Mädchen, die dieses Buch lesen: Fühlt euch auch angesprochen. Ihr könnt auch Ministerin werden. Oder Abgeordnete. Oder Richterin. Im Grundgesetz ist die Gleichberechtigung von Männern und Frauen verankert. Und eine Demokratie, in der nur die Männer bestimmen, haben sich zwar die alten Griechen geleistet, aber heute geht das zum Glück nicht mehr!

*Katrin Zipse*

# Die Autoren

**Malte Arkona** hat schon als Kind Theater und Klavier gespielt. Er ist ausgebildeter Opernsänger und hat mit Begeisterung auf deutschen Bühnen Mozarts Papageno gesungen. Bekannt wurde er als Moderator für zahlreiche Kinder- und Jugendquizsendungen (Tigerentenclub, Die beste Klasse Deutschlands). Seine Reisen führten ihn dabei in über 20 Länder. Er begleitet das politische Leben in Deutschland durch sein Engagement in einem Berliner Integrationsverein.

**Katrin Zipse**, geboren 1964 in Stuttgart, hat Theater-, Film- und Fernsehwissenschaften und Germanistik in Berlin studiert, lebt mit ihrer Familie in Baden-Baden und arbeitet als freie Redakteurin für den SWR und als Autorin.

Bildnachweise:
Foto Jule Gölsdorf: © ZDF/Carmen Sauer
Foto Dr. Wolfgang Schäuble: © Bundespresseamt
Foto Willi Weitzel: © megaherz gmbh
Foto Ralph Caspers: © WDR/Fürst-Fastré

*Vielen Dank an Peter Wierer für die fachliche Unterstützung.*

© Verlag Herder GmbH, Freiburg im Breisgau 2009
Alle Rechte vorbehalten
www.herder.de

Gesamtherstellung: Weiß-Freiburg GmbH – Graphik & Buchgestaltung
Herstellung: Graspo
Printed in the Czech Republic

ISBN 978-3-451-70933-3